続「入門」社会「科学」方法論

美馬 佑造 著
MIMA Yuzo

晃洋書房

まえがき

> 要約
>
> 　本書は，先に出版した『入門社会「科学」方法論』晃洋書房，2023 年，で触れることができなかった「人間心理を紐づけた社会科学の方法」を示すためのものである．ただ能力不足のため，蓋然的な内容しか示せなかった．よって，読者の方が，その目的を果たしていただければと，期待させていただく．
>
> 　よって，本書は，『続　入門　社会「科学」方法論』というタイトルではあるが，「人間心理の関連付けの方法」とともに，先人の業績の内容を極力明らかにしておこうということも目的としている．また，新しい研究分野についても，触れておきたい．

　人間社会は，農耕，牧畜社会から，商工業社会へと，いずれの国家も同じように経過，変化し，他方，社会の構成も，より民主的に向上していく，と見られていた．しかし，仔細に見れば，かならずしもそうとは言えない．停滞のまま，の民族もある．それは，特殊な思想に過半数の人々が染まってしまうと，ロシアのように，人間社会の倫理的発展のトレンドから外れてしまい，特殊な行為を常に行うようになる．現実のロシアのウクライナへの侵攻がそれである．
　独特の考えによって，侵攻するから，侵略された国もその独特の考えに対抗する手段を講じないと，負けてしまう．独特の考えとは，勝つまで侵略を止めない，を旗印にする．よって，少々戦死者が増えようが，次々と兵を送り込む．兵士は単なる武器の１つに過ぎないのである．長期戦は当たり前だから，それに備えて，大量の兵器を新旧共に備蓄しておき，旧式のものから順次使用していく．ひたすら兵器の増産に励む．新旧を厭わず増産する．友好国からの，援

助を募る．相手陣営の分断を図り，あらゆる手段で，工作を行う．このような，一般的なやり方とは大きく異なった手段なのである．

　よって，まず相手に侵略の意志をわき起こせないようにすべきである．そのためには，充分な軍事力を装備せざるを得なくなる．また，常に相手国に疑念を抱いていることを情報発信し，油断していないことを定期的に知らしめる．これらが，最低限の備えである．そのうえで，さらに手段を講じる．特に，相手の動向を読み取る方法を実行せねばならない．何とも情けない話だが，止むを得ない．

　以上の手段の上に，さらに本来の世界組織を構築して，すべての国が，その意向に従うような仕組みを確立すべきである．現状では，各国の権利を余りに尊重しすぎであると，考えられる．倫理観に欠ける国には，その誤りが正せるような仕組みを構築すべきであろう．

　なお，心理との紐づけの目的は，「利他心」を涵養する「制度」の構築である．社会にそれが確立されることで，人間の存続が保たれていく可能性が高くなるからである．現状の問題点の是正のための，1つの方法であろう．

　こうした考え方は，先人は触れていないようである．社会科学方法論を考えたカント，J・S・ミル，カルナップはいずれも触れていない．ミルは，望ましい側面のみしか見ていず（J・S・ミル著．大関將一，小林篤郎訳『論理学体系──論証と帰納──』Ⅵ，春秋社，昭和 34（1950）年，東京，168 頁），現実は，最悪の結果をもたらすこともあることには，言及していない（よって，気づいていない）．つまり，このトレンドから外れて，ひたすら世界の頂点に立とうとする国家においては，人類の停滞，もしくは退歩の道を歩むこととなってしまった．しかも，頂点に立つためには，手段を選ばず，謀略，恐喝，を駆使し，侵略を常に実行する．侵略では，相手が嫌がることを意図的に実行する．その方が，相手国が早く屈服するであろうからである．よって，侵略すれば，虐殺（わざと婦女子を狙う），盗む，病院，学校，宗教施設を重点的に破壊する．相手が，一番困る行為をわざと行う．何故，一般人がそのような行為を行うかは，幼い時からそ

のように教育されてきたからである．自身の行為に，全く疑念を持っていないのである（ここで，生物の特性が利用される．最初に得た情報に左右されるという性質である）．R国の行為を見よ．彼等は，さらに世界的にわざと紛争が生じるように画策し，平和を破壊しているのである．現状で，何故紛争が絶えないか，その根源的理由を究める必要があるだろう．こうした視線から，人間行為の実態をより正しく把握する研究を，新たに立ち上げることが必要であろう．

　以上，本書では，仮説への人間心理の関係付，先人の考えの紹介，新しい分野の研究，につき示していきたい．

目　　次

まえがき
全　要　約

序　章　本書の目的 …………………………………………………… 1

第 1 章　既説の検討 ……………………………………………………… 9
　1　カ ン ト　(9)
　2　J・S・ミル　(21)
　3　ウイーン学団カルナップ　(110)

第 2 章　心理学の成果 ………………………………………………… 125
　心理学文献一覧　(125)

第 3 章　人間社会を，人間心理と結び付けて理解する ……… 141
　1　提言の現象の解釈　(144)
　2　人間心理が法則や政策そのものに，どのように影響しているかを勘案する　(151)

第 4 章　試　論（現状認識分野：「現状の人間存在の姿」）現状の実態 ……………………………………………………… 157
　1　は じ め に──現状の実態──　(157)
　2　R 国に対する推測　(159)
　3　打開の方策　(160)

4　ま　と　め　(164)

終　章　今後のあるべき努力の方向 ……………………………… 165

あ と が き　(169)

参 考 文 献　(173)

索　　　引　(175)

全　要　約

　本書は，前書『入門　社会「科学」方法論』（晃洋書房，2023年），で触れることができなかった「人間心理を紐づけた社会科学の方法」を示すためのものである．ただ，能力不足と体調不良が継続したため，大まかな見通しのような内容しか，示せなかったことをお詫びしたい．また，ここではさらに，先人の考えを要約し，その主張が筆者の思う社会科学が科学であるための要件の，どの程度まで主張していたか，を示した．また，新しい分野の研究についても，その内実を見ておきたい．これらも蓋然的なものの提示にとどまってしまったので，読者の方はどんどん精緻なものに高めていって頂きたい．

序　章　本書の目的

> 要約
> 社会科学は自然科学とは全く同質の法則は存在しない，という観点から，自然科学では無縁の人間心理を社会現象と関連づける，という過程につき，考察してゆく．ただ，それは非常に煩雑であるから，ここでは方向性を示すに止まった．

　本書では，社会科学に如何にして人間心理を関連付けるか，という手順につき見ようというものである．この視点に先立って，社会科学の考察では，人間心理を無視することは出来ない，という見方については，既に拙著『貨幣帝国主義論』で示しておいたところである．ここで，その部分を，再録しておこう．
　「本書では，社会科学は自然科学とは全く同質の法則は存在しないという理解に立って論を展開している．社会科学に客観法則が存在する，という考えは，そのように考えることが出来なかった人間社会にとり，誠に有意義であった．何故なら，そうした考えによって，我々人間社会が神の手ではなく我々人間が現出せしめている，という基本的認識を人々に確認させることに役立ったからである．しかし，この考えは社会法則があたかも自然現象における法則と同質のものであるとの考えを生み出し，従って，社会現象は我々人間の意志の外において現出してゆくかの如き理解を生み出してしまった．勿論，人間自身も自然現象の一部を構成する存在であるから人間が創り出した社会も自然の一部であることに変わりはない．しかし，一般に言う自然科学が対象とする自然現象と根本的に異なる点は，自然現象の一部を構成する社会現象は人間現象，つま

り人間によって引き起こされた現象である，という点である．自然現象がストレートに自然を体現した現象であるのに対し，社会現象は自然の一部をなす人間という存在を通して，いわば間接的に出現する現象であるということである．とすれば，社会科学が法則を見出すか否かについては，議論が分かれるところとなるかもしれない．即ち，人間行為，つまり主観の集合によって形成される社会行動には，そもそも法則などなく，有るのは単に規則である，という考え方に対し，その主観＝個々の人間行為の根底にある根本原因の存在を予想して，まさに主観の集合としての人間行為は，1つの方向性を帯びるものとして理解される，とする立場が存することとなる．社会現象は人間行動によって引き起こされるが，その行動を指示するのは人間の意志であることは明白である．即ち，我々は「ある事をしたい」と欲するから「ある事をしよう」と思い，決断し，それを実行するからまさにそこに社会現象が発生する．しかも，その行動は個々人によって全くバラバラなものではなく，一定の範囲に納まるから，全体としてある1つの行動が発生したかのように見える．つまり，社会現象としてたちあらわれるのである．とするなら，社会現象とは人間の意志（物的条件に規定されているとはいえ）が引き起した現象に他ならないこととなる．従って，社会科学とは実に「人間の心理」によって生ぜしめられた現象をあつかう学問なのである（つまり，心理学を抜きにしては論を進めることは不可能なのではないかということに気づくのである）．よって，人間の心理的動向がその現象をいかに生起せしめるかがまず基本に捉えられておらねばならない．その上で，その現象が二次的，三次的＝副次的に引き起こすであろう現象として，その影響をみてゆく必要がある（ここに，思想・史，心理学の重要性が見出されるのである（拙著『入門日本商業史』晃洋書房，2003年，第2部第1章注（5），69頁，拙稿「沼田藩領河州太田村東の米納率──近世後期を対象として──」（大阪府立大学『歴史研究』第36号，平成10年（1998年）），同「河州沼田藩領一農村における貢租形態──幕末期を中心として──」（大阪府立大学『歴史研究』第37号，平成11年（1999年））．

　ところで，ここでは法則存在の立場に立つが，ただ，実際の現象は法則がス

トレートに反映された形で出現されるのではなく，まさに人間行為が主観に基づくが故に，法則を巡っていわば法則の周りを往来＝徘徊しつつあらわれるように見えるものである，という理解にたっている．即ち，社会科学には自然科学と全く同質の法則は存在しないという見解である．今一度繰り返せば自然現象がストレートに自然を体現したそれであるのにたいして，社会現象は，自然の一部をなす人間という存在を通して，いわば間接的に出現する現象であるということである．その現象は，人々の合意によって出現し従って，人間という生物に共通的に存するであろう性質が，1つの方向性をもって出現してくるのであり，従って，突拍子もない現象が突然現出せしめられることはない．あくまで合意が成立しうる範囲での方向性，規則性である．しかも，合意は万人が，つまり100人が100人とも成すのではない．従って，現象は徘徊せざるを得ないのである．よって，社会法則とは「人間が何かを欲望し」，その欲望を満たすために「いかなる行動を起すか」という，その行動の方向性そのものを意味することとなる．この時，大多数の人々も同様に行動することが必要であり，これが「合意」と呼ばれるものである．方向性（＝実際行動），つまりその，人々の行動の束が社会現象であり，それが一定の性質を内包しているなら（例えば，1つの周期性を持つ），それが社会法則と呼ばれるものである．よって，社会法則をみる場合，単にある事象に対する人間の大きな方向性をみるだけでは不充分であり，その方向性を導いた原因，つまり欲望とは何か（何故生じたのか），その原因＝要素は，いかなる作用を人間に与え，従って，人間行動の方向性に影響を与え，よって，法則をいかに成立させるか，を見る，と同時に，その方向性ははたして正しいのか否かをも考察する必要があるということである．しかも，ここで問題となるのは「正しい」とはいかなる意味を指すのか，ということである．その「何をもって正しいとするのか」，あるいは，「それが正しいものとして合意を与えあう要素は何か」につき，人々の合意が存しないなら，判断そのものが不定となり，かつ誤りとなる．だからと言って，合意が存するからそれが本当に正しい，とは言い切れない．何しろ，人間社会では多

数が認めあったことが「正しい」ということになってしまうからである．とするなら，実は社会科学はその根底に「人間とは何か」ということに対する一定度の解答を有していないと，考察を進めることができないことが判明する．即ち，根定に哲学が必要となるのである．否，進めたかに見えても，実はまことに欠陥だらけの，誤った考察と結論しか導出し得ないであろう．まさに，現在はそうした誤った社会科学が満ち溢れているのである．この時，万人に共通的に合意されうる内容とみなされる（正しいとみなされる）もの，それが「人間の平等的平穏的存続」という到達への理念なのではないだろうか．これこそが「正しい」とみなされる内実なのではないだろうか．

　社会法則とは，かかる意味での客観法則なのである．とするなら，合意さえ得られるのならその内容は如何様にも変形させうる性質を有していると考えられる．よって，社会法則は常に変化することこそがその本質なのではないだろうか．否，実は社会法則は我々人間が導出可能な法則なのではないだろうか．自然科学における法則は，自然自身が指し示した法則として不変である．しかし，社会科学で導出された法則は，人間が変化させ得るのである．従って，没価値的な社会科学の考察は，そもそも不可能であり，かつ誤りなのである．そして，法則が変化すれば，前の法則はもはや法則ではないのである．この区分をしなかったがために，社会科学において多くの誤りが導出されたものと考えられる　（拙著『入門日本商業史』晃洋書房，2003年，第2部第1章注（5），69-70頁，拙稿「沼田藩領河州太田村東の米納率——近世後期を対象として——」（大阪府立大学『歴史研究』第36号，平成10年），（拙著『貨幣帝国主義論』，晃洋書房，2004年，京都，序章注2，5-8頁））（以上）」．

　従って既に関連付けの方向性については，若干の姿を示していた．例えば社会法則をみる場合，単にある事象に対する人間の大きな方向性をみるだけでは不充分であり，その方向を導いた原因，つまり欲望とは何か（何故生じたのか），その原因＝要素は，いかなる作用を人間に与え，従って，人間行動の方向性に影響を与え，よって，法則をいかに成立させるか，を見る，と同時に，その方

向性ははたして正しいのか否かをも考察する必要があるということである．また，人間の心理的動向がその現象をいかに生起せしめるかがまず基本に捉えられておらねばならない．ともかく，ここで示した関連付けの視点をまとめると，
【心理的動向がその現象をいかに生起せしめるかを見，その上で，その現象が二次的，三次的＝副次的に引き起こすであろう現象として，その影響をみてゆく必要がある（ここに，思想・史，心理学の重要性が見出されるのである）．
実際の現象は法則がストレートに反映された形で出現されるのではなく，まさに人間行為が主観に基づくが故に，法則を巡っていわば法則の周りを往来＝徘徊しつつあらわれるように見えるものである，という理解にたっている．
【法則を巡っていわば法則の周りを往来＝徘徊しつつあらわれるように見えるもの
その現象は，人々の合意によって出現し従って，人間という生物に共通的に存するであろう性質が，1つの方向性をもって出現してくるのであり，従って，突拍子もない現象が突然現出せしめられることはない．
【人間という生物に共通的に存するであろう性質が，1つの方向性をもって出現してくる
【あくまで合意が成立しうる範囲での方向性，規則性である．
しかも，合意は万人が，つまり100人が100人とも成すのではない．
従って，現象は徘徊せざるを得ないのである．
【全員の合意ではないから，従って，現象は徘徊せざるを得ないのである．
よって，社会法則とは
【「人間が何かを欲望し」，その欲望を満たすために「いかなる行動を起すか」という，その行動の方向性そのものを意味することとなる．
【この時，大多数の人々も同様に行動することが必要であり，これが「合意」と呼ばれるものである．
【方向性（＝実際行動），つまりその，人々の行動の束が社会現象であり
【それが一定の性質を内包しているなら　（例えば，1つの周期性を持つ），

それが社会法則と呼ばれるものである．
【よって，社会法則をみる場合，単にある事象に対する人間の大きな方向性をみるだけでは不充分であり
【その方向性を導いた原因，つまり欲望とは何か（何故生じたのか），
【その原因＝要素は，いかなる作用を人間に与え，従って，人間行動の方向性に影響を与え，よって，法則をいかに成立させるか，を見る
と同時に，その方向性ははたして正しいのか否かをも考察する必要があるということである．
しかも，ここで問題となるのは「正しい」とはいかなる意味を指すのか，ということである．
【その「何をもって正しいとするのか」，あるいは，「それが正しいものとして合意を与えあう要素は何か」につき，人々の合意が存しないなら，判断そのものが不定となり，かつ誤りとなる．
【その「何をもって正しいとするのか，合意を与えあう要素は何か」
だからと言って，合意が存するからそれが本当に正しい，とは言い切れない．
何しろ，人間社会では多数が認めあったことが「正しい」ということになってしまうからである．
とするなら，実は社会科学はその根底に「人間とは何か」ということに対する一定度の解答を有していないと，考察を進めることができないことが判明する．
即ち，根定に哲学が必要となるのである．
否，進めたかに見えても，実はまことに欠陥だらけの，誤った考察と結論しか導出し得ないであろう．
まさに，現在はそうした誤った社会科学が満ち溢れているのである．
合意さえ得られるのならその内容は如何様にも変形させうる性質を有していると考えられる．
よって，社会法則は常に変化することこそがその本質なのではないだろうか．

否，実は社会法則は我々人間が導出可能な法則なのではないだろうか．
法則が変化すれば，前の法則はもはや法則ではないのである

以上をまとめると，

【心理的動向がその現象をいかに生起せしめるか
【その現象が二次的，三次的＝副次的に引き起こすであろう現象として，その影響をみてゆく
【法則を巡っていわば法則の周りを往来＝徘徊しつつあらわれるように見えるもの
【方向性（＝実際行動），つまりその，人々の行動の束が社会現象であり
【それが一定の性質を内包しているなら　（例えば，1つの周期性を持つ），それが社会法則と呼ばれるものである．
【よって，社会法則をみる場合，単にある事象に対する人間の大きな方向性をみるだけでは不充分であり
【その方向性を導いた原因，つまり欲望とは何か（何故生じたのか），
【その原因＝要素は，いかなる作用を人間に与え，従って，人間行動の方向性に影響を与え，よって，法則をいかに成立させるか，を見る
【その「何をもって正しいとするのか」合意を与えあう要素は何か」
【合意さえ得られるのならその内容は如何様にも変形させうる性質を有していると考えられる
【社会法則は常に変化することこそがその本質なのではないだろうか．
【実は社会法則は我々人間が導出可能な法則なのではないだろうか．
【法則が変化すれば，前の法則はもはや法則ではないのである．
以上が，主要点である．

第1章　既説の検討

1　カント

まずカントの主張からみていこう．

> 要約
>
> 「形而上学では，ア・プリオリな認識，つまり対象が我々に与えられる前に対象について何ごとかを決定するような認識の可能性が要求されている．」それは「形而上学が数学および自然科学と同じく理性認識である」からだとする．「形而上学の従来の方法を変改しようとする試みこそ，しかも幾何学者および自然科学者を範として形而上学の全面的革新を企てることによってかかる変改を成就しようとする試みこそ，この思弁的純粋理性批判の本旨なのである（前書, 38 頁）」，とするのである．よって，この批判書が形而上学を正すためのものであったことが判明するのである．
>
> そして，正しい研究方法を示すため，我々が認識や判断を実践するに当たってのその主体や，認識や判断の具体的ありようにつき，詳論を展開しているのである．

事実，カントは『純粋理性批判』（カント著, 篠田英雄訳『純粋理性批判　下』岩波文庫, 1962 年, 東京）において，Ⅱ　先験的方法論では「純粋理性の訓練」と

して，仮説に関する純粋理性の訓練，理性の証明に関する純粋理性の訓練等につき論述する．が，視点を変えれば，「仮説に関する」では，まさに仮説の導出での注意点，「理性の証明」では実験・実証についての解説ではないかと推察される．ただ，「論争的使用に関する純粋理性の訓練」では「（純粋理性による提言は，）何びともこの主張の反対説を必然的な確実さをもって（中略）主張し得るものでない（前書，40頁）」としており，「論争的使用」では，ポパーの提言した反証可能性にはまだ気づいてはいなかったようである．

特に仮説については，「仮説から導来された帰結の真理性（これらの帰結が互いに一致すると同時にまた経験とも一致すること）（中略）そしてア・プリオリにかつ綜合的に考えられたところのものは，ア・ポステリオリにかつ分析的に再び与えられた両者は完全に一致する，ということである（カント著篠田英雄訳『純粋理性批判 上』岩波文庫，1961年，東京，161頁）」とされ，論理実証主義での予測と実験・実証に相当すると思われる推敲過程が述べられているのである．そしてこうした方法論は，「形而上学では，ア・プリオリな認識，つまり対象が我々に与えられる前に対象について何ごとかを決定するような認識の可能性が要求されている（前書，33頁）．」それは「形而上学が数学および自然科学と同じく理性認識である（前書，32頁）」からだとする．「形而上学の従来の方法を変改しようとする試みこそ，しかも幾何学者および自然科学者を範として形而上学の全面的革新を企てることによってかかる変改を成就しようとする試みこそ，この思弁的純粋理性批判の本旨なのである（前書，38頁）」，とするのである．よって，この批判書が形而上学を正すためのものであったことが判明するのである．とすれば，カントのいう形而上学を文化科学一般へと広げて理解すれば，本書の課題をすでにカントが，一定度提言していたと思われ，その先見性に驚かされるのである．ただカントは，その重要性に気づかなかったのか，観念論の世界に踏み止まってしまうのである．

カントの『純粋理性批判』（出版1781年）（カント著，篠田英雄訳『純粋理性批判 上』岩波文庫，1961年，東京，カント著篠田英雄訳『純粋理性批判 中』岩波文庫，1961

第1章 既説の検討　11

年，東京，カント著篠田英雄訳『純粋理性批判　下』岩波文庫，1962年，東京）において，カントは何を主張しているのであろう．その主体はつぎに述べる内容に集約化されるのではないだろうか．
「形而上学では，ア・プリオリな認識，つまり対象が我々に与えられる前に対象について何ごとかを決定するような認識の可能性が要求されている（前書上，33頁）．」それは「形而上学が数学および自然科学と同じく理性認識である（前書，32頁）」からだとする．「形而上学の従来の方法を変改しようとする試みこそ，しかも幾何学者および自然科学者を範として形而上学の全面的革新を企てることによってかかる変改を成就しようとする試みこそ，この思弁的純粋理性批判の本旨なのである（前書，38頁）」，とするのである．よって，この批判書が形而上学を正すためのものであったことが判明するのである．
そして，正しい研究方法を示すため，我々が認識や判断を実践するに当たってのその主体や，認識や判断の具体的ありようにつき，詳論を展開していると思われる．こうした視点からみれば，例えば，「純粋理性批判」とは，そもそも何を意味するのであろう．

　カントは『純粋理性批判　上』の71頁で「純粋理性の課題はア・プリオリな綜合的判断はどうして可能であるか」という問いに含まれている」とする．
「ア・プリオリにかつ綜合的に考えられたところのものは（つまり，もともと「真」である，ある属性を，対象とする資料から導き出し，提言したものは），ア・ポステリオリにかつ分析的に再び与えられた（提言を実験実証で確認すれば，その結果は先の提言と）両者は完全に一致する，ということであるとして，本来の純粋理性が提言したものは，実証によって，確認できるはずだから，逆に言えば，そうでない提言は，単なるドグマである，としていると考えられる．よって，経験による認識（つまり実証過程は，純粋理性の認識段階では必要なかったとしても，確認の過程でどうしても必要となろう．その意味で，純粋理性は「批判」つまり「手順を踏むことに，気を付けねばならない」と批判するのである．端的に言えば「形而上学は，その提言を常に実証する必要がある」，ということである．)

それは，次の文からも判明する．「ここに言うところの批判は，書物や体系の批判ではなくて，理性が一切の経験にかかわりなく達得しようとするあらゆる認識に関して理性能力一般を批判することである（前書上，16頁）．」つまり，経験を無視した純粋理性は批判の対象足りうるということである．無視した提言は，肯ぜられない，こととなろう．

　ここでのア・プリオリや綜合的判断こそが，認識や判断の存在のありようの違いとして示されているものなのである．

　そこでまず純粋理性の内実を確認しておくと，

純粋理性：経験から独立のア・プリオリな認識能力の全体．（経験に頼らず認識できる理性・その能力）（『広辞苑』第6版）

という解説がなされる．

　ともかく，こうした論を進めるため，カントは認識や判断の種類を説明する．まず，認識の種類を，ア・プリオリ（経験以前，経験に先立って，と訳される）：「経験にかかわりのない認識（前書上，58頁）」（経験よらずとも真だが，経験によってそれが認識されるもの）と，ア・ポステリオリ（経験による，と訳される）：「経験的認識（前書上，58頁）」経験によってのみ真が確認されるものかにより，2つに区分している．次に，判断については分析的か綜合的という2つの区分を行う．なお，分析的か綜合的かについては「述語Bが主語Aの概念のうちにすでに（隠れて）含まれているものとして主語Aに属するか，さもなくば述語Bは主語Aと結びついてはいるが，しかしまったくAという概念のそとにあるか，これら両つの仕方のいずれかである（前書上，65-66頁）．」とされている．これは結局分析的判断とは，そこから新しい認識は引き出し得ないもので，綜合的判断は，新しい認識を引き出せるものをいう，と定義づけていることとなる（加藤尚武責任編集『哲学の歴史—7』（理性7劇場，18へ19世紀，カントとドイツ観念論）中央公論新社，2007年，東京，126頁）な総合判断での認識（前書，126-127頁）．

とすれば，認識・判断は，この4つを組み合わせたものになる（前書，126-127頁）．

第 1 章　既説の検討　13

1．ア・プリオリ（経験以前，経験に先立って）つまり，ア・プリオリ（経験によって左右されず），また総合判断（主語概念に新しい内容を付加している判断）としての判断．カントは事例として
　例 1 ，7+5＝12，上 70 頁
　例 2 ，直線は二点間を結ぶ最短線である．（前書上，71，128 頁）をあげ，
　これらは，「主語にない内容を述語として獲得した総合判断」であるとする．
2．ア・プリオリな分析判断
3．ア・ポステリオリ（経験による，経験によって）な総合判断での認識，われわれが普段おこなう認識行為（前書，126 頁）
4．ア・ポステリオリな分析判断
という認識論である．
なお，分析判断の例として「物体はすべて延長を持つ（前書上，66 頁）」，総合判断の事例として「物体はすべて重さをもつ（前書上，66 頁）」を示す．
（分析と総合につき，もう少し考察すると，分析：ある概念の判断につき総合的な判断の表記を述語でした場合．総合：ある概念につき，その概念が抱える様々な性質の内の 1 つに絞ったものを判断して，述語で表記した場合．例「みかんはみかんである」．＝分析，「みかんは黄色い」．＝綜合，となる．しかし，分析と総合は逆ではないかと思われる．なぜなら，「みかんはみかんである」では，述語にはみかんに含まれる様々な概念のすべてを含んだ「みかん」という概念が判断され，表記されているからであり，他方，「みかんは黄色い」ではみかんの持つ様々な概念の内の「黄色い」という概念のみが判断され，表記されているから，分析された結果が提示されていることとなるのでは，と思われるからである（寺澤恒信『弁証法的論理学の基本』大月書店，1957 年，東京，170-172 頁）．つまり，「総合的判断」は何も新しい概念につき言及はしていないこととなるが，「分析的判断」では，まさに分析の成果として，みかんが包摂するさまざまな概念のうちの 1 つを判断して，示しているからである．）
ただ，2，4 は無意味である，とする．分析判断というのはそもそも主語概念の内容を述語として繰り返したにすぎないからである，とする．また，純粋理

性批判の重要述語は，アリストテレスに由来する（分析論，弁論術，カテゴリー，トピカ，等）（前書上，20頁）．よって，それが「真」であり，かつ新しい属性を導き出してくれる1のア・プリオリな総合判断が，重要であるとするのである．カントはこのア・プリオリな総合判断は，数学や自然科学で実施されている，とする．

ところで，カントはここでア・プリオリな総合判断，の事例として「7+5=12」を示したがその理由を，
「7，+，5，には12はない．よって，「主語にはない内容が術語には存す」，とするのである．またア・ポステリオリな分析判断：「物体には延長がある」，を，ア・ポステリオリな総合判断の事例として「物体には重さがある」，をあげる．「物体には延長がある」は，われわれが物体に持つ普通の認識であり，既知の属性であるとする．一方，「物体には重さがある」，という認識は，物体の属性に新たに付加されたもので，新しい属性が示されている，とする．

しかし，この事例には違和感がある．まず，「7+5=12」とは「7+5」と「=12」とに区分されるものではなく，ひとつの属性と考えられ，「7+5=12」が全体で主語ではないかと思われる．よって，ここに付加される何かが術語になるのではないかと考えられる．例えば，「よって，数字を加えれば数が大きくなる」という術語こそが，新しい属性なのではないだろうか．

また，「物体には延長がある」「物体には重さがある」はどちらも同じ綜合判断での属性なのではないだろうか．「物体には嵩や重さがある」ということは既に広く認識されていることで，「重さ」のみを新しい属性と見なすことには，違和感がある．嵩も重さも，物体が持つ属性（勿論両者の本質は異なるが）であり，ただ，両者の認識には時間的差があったかもしれない．が，いずれにせよ分析的判断では，「物体は物体である」という判断になるのではないだろうか．よって，分析的判断とは，既知，つまり既に明らかとなっている事実についてのべた判断で，総合的判断とは未知のものを予想して述べた判断，というのが本来の姿なのではないだろうか．

また，とするなら，まだ未知の物体の属性をデータから予想して，新しい属性を提言すれば，まさしく綜合判断に相当することになるのではないだろうか．例えば，「エネルギーが物質化する条件は，しかじかである．」という提言とその実証は，物体の新しい属性を提示することとなるからである．ただ，この属性は，もともと物体に備わっていた性質であり，新しく付加されたものではない．認識された属性として既知の属性に加えられたものにすぎない．

とするなら，カントの提示した認識のパターンはどの様に理解すればよいのだろう．結局カントの認識の4区分は，ア・プリオリ：元々真である認識，ア・ポステリオリ：経験で真偽を確認する認識，分析判断：既知の属性に対する判断，綜合判断：新しい属性（未知の属性）に対する判断，という区分であり，綜合判断における判断の過程は，予想の提言を実証するという経過によるものが現実の姿と思われる．そこで，4つのパターンの事例を挙げると，

1．ア・プリオリな綜合判断：「エネルギーが物質化する条件は，しかじかである．」という提言とその実証．あくまで予想の提言：自然科学での新しい考え
「ダークマターは存在する．」あくまで予想の提言：自然科学での新しい考え
2．ア・プリオリな分析判断：物体は物体である．物体には嵩や重さがある．物体は原子，量子からなる．太陽は熱い：これらは経験や実験により，実証されている．
3．ア・ポステリオリな綜合判断：経験の対象として予想：JR特急には，さらに新しい車両が投入されるだろう．
4．ア・ポステリオリな分析判断：経験の対象として既に経験済み：JRには特急が存在する．
となるだろう．

ところで，『カントは『純粋理性批判』(カント著，篠田英雄訳『純粋理性批判 下』岩波文庫，1962年，東京)において，「Ⅱ　先験的方法論」では「純粋理性の

訓練」として,「仮説に関する純粋理性の訓練」,「理性の証明に関する純粋理性の訓練」等につき論述する.
「理性の厳重な監督下に創作するとなると,想像によって拵え上げられたものとか或は単なる臆見のようなものではなく,何か或ることが前もって確定していなければならない.——それは対象そのものの可能ということである(前書下,67頁).」.ここで,「可能」という内実が「科学的研究として可能な内容」という意味なら,ポパーの言う「反証可能性」という科学にとって重要な概念を,カントは既に提言していたことになる.そして,「その上でならこの対象の現実性に関して臆見を頼りに考えることが許されてよい.しかしこの臆見が根拠をもつためには,現実的に与えられ従ってまた確実であるところのものが,この臆見に結びついていなければならない.そうした場合にこの臆見を仮説というのである.(前書下,66頁)」とする.従ってカントはその提言がドグマでないことを研究の必要要件としていたことが判明する. が,視点を変えれば,「仮説に関する純粋理性の訓練」では,まさに論理実証主義と同じ「仮説の導出での注意点」が提唱されていたことが判明する.

さらにカントは,「然るべき仮説を想定するに必要な第二の要件は,その仮説が経験において与えられた結果をア・プリオリに規定するに十分でなければならぬ,ということである(前書下,71頁).」とする.つまり,形而上学も自然科学と同様に〔対象とする提言の命題がもともと真であることが必要である〕としていることとなる.しかし,社会現象や人間の心情はア・ポステリオリにしか確かめられないものが基本であるから,この点は,自然科学の原則はあてはまらないであろう.よって,ここは修正せねばならないだろう.

次に,「理性の証明に関する純粋理性の訓練」では実験・実証についての解説ではないかと推察される.ただ,「論争的使用に関する純粋理性の訓練」では「先験的,総合的命題の証明は,ア・プリオリな綜合的認識のあらゆる証明のなかで特異な点をもつものである,即ち——この場合に理性は,理性概念によって直接に対象と関係するのではなくて,まず概念の客観的妥当性と概念の

綜合とをア・プリオリに証明せねばならない，ということである（前書下，78頁）.」つまり，その提言が，よって仮説・予測が客観的妥当性＝ドグマではないこと，及び概念の綜合＝新しい提言を為していること，を証明せねばならない，とする．しかもそれはア・プリオリにであるとする．しかしこの点は今見たようにア・ポステリオリでもかまわないだろう．

　また，「(純粋理性による提言は，)何びともこの主張の反対説を必然的な確実さをもって【それどころか比較的高い程度の確からしさをもってさえ】主張し得るものでない（前書下，40頁）」としており，「論争的使用に関する純粋理性の訓練」では，ポパーの提言した反証可能性を否定する考えともとれる主張を示すのである．ただ，単なる「否定し難いほどの有力な正論」という意味ともとれるから，カントの真意は定かではない．

　以上のように，カントの本来の研究の姿の核心は既述のように，形而上学を本来の研究に近づけるため（今日では，文化科学をそのように修正するため），「経験による認識（つまり実証過程は，純粋理性の認識段階では必要なかったとしても，確認の過程でどうしても必要となろう．端的に言えば「形而上学でも，その提言を常に実証する必要がある」，ということである．)

とすれば，カントのいう形而上学を文化科学一般へと広げて理解すれば，本書の課題をすでにカントが，一定度提言していたと思われ，その先見性に驚かされるのである．

以上見たように，カントの言い回しは非常に慎重で，時代に逆らわない体を装いつつ，その実，大胆な提言，つまり，現状の観念論の科学化を主張していたのではと，推測されるのである．

　以上見たカントの考えは，社会科学の成立要件にどの程度迫った論理であるのだろう．

前書『入門　社会「科学」方法論』で示した，「科学としての必要事項」はつぎのような点である．

1．まず，新しく提言された仮説としての文＝言表の内，主要なものを選び出

し，それらの文＝言表が命題（真偽が確定した言表）となっているかを確認する．命題が「真偽が確定した文」であるという意味には，

(1) その現象がもともと確定したものである．例えば，自然現象の法則は当初から定まったものとして存在しているのである．
(2) 他方で，海峡に架けられた橋の存在真偽は，架橋される以前と以後で異なることとなる（八木沢敬『意味・真理・存在──分析哲学入門・中級編──』講談社，2013 年，17 頁）．従って，この場合は時間の要素を加味することで，ようやく真偽を確定することが可能となる．

という 2 つがある．

2．ついで，それが確定記述（1 つの名辞に定まっている）であり，かつ，その名辞が 1 つの意味内容に決定していることをも，確認する．

3．ポパーの言う「反証可能＝何らかの方法で，命題の真偽の検討が，必ず可能であること」なものか，ということである．つまり，その提言が現実に検討可能であり，推敲により内容が確認され，かつ高めることが出来ることである．単なる主観ではないということである．

4．提言＝仮説は帰納によってなされ，仮説は演繹によって，予測化され，さらに，実証されねばならない．つまり，論理実証主義の方法論と同じ過程を踏む必要があるのである．ただ，実際には全ての遂行の段階で，アブダクション・帰納・演繹・類推というツールを駆使する必要があると考えられる．

5．社会現象とは人間という自然を通じて，合意された人間の意志が現象として現れたものである．よって，提言には，人間心理の本性が加味されなければならないし，かつ，提言の意味内容の解釈も，心理を反映させて行わねばならない，ということである．

また社会現象での＝が示す意味には 2 つのものがあり，1 つは自然科学と同じ「ものの数量」が等しいという意味であり，もう 1 つが「合意が成立した，」という意味である．よって，全てのケースで，等しい量が示されているわけでは

ない．

6．ここで利益の内実は一般的には，経済的利益であるが，より根本的な，人間に共通の利益として，「自己保存と種の存続を，真の公平・平等のもと，肉体的に，精神的にも平穏の内に存続せしめる」と言うことに合致していることである．いわゆる，倫理的であらねばならない．

7．その提言が人間社会のトレンドの延長線上にあるかを確認する．＝断絶するような提言は，実現は無理であろう．人間の意志は急には変われないからである．

8．社会科学は自然科学と同じではない，と言うことを認識していること．とくに，自然科学の法則は，条件（新しいパラダイム）が変わらねば，「不変」であるが，社会科学はパラダイムに変化が無くとも，合意の前提たる条件が変われば，合意が成立しない可能性が高まり，合意しなければ，今までの「理論」は消えてしまい，新しい理論を示す必要性が生じる．よって，社会科学では次々と理論を更新せねばならない

9．論は体系的に論じられること．提言された命題を単独で検討するのではなく，様々な論の帰結を参照しながら，全体的に整合性が取れるように，検討すること．

10．先の9と関連するが，また，なお，ここではあまり強調されていなかったが，文系研究では，過去の業績の吟味が不十分なケースが多い．よって，極力吟味し，採用不採用を明確にした上で提言すべきである，ということである．勿論，論理学の基本法則は，守られねばならない．

　さらに，自然科学と文化科学の決定的な違いは，前者は過去に積み上げてきた実績＝真実を，常に前提しながら新しい論を展開してゆくのに対して，文化科学ではそうした手続きをとることなく（既に提言された実績への考慮は，自身の特定分野の内容に限られ，しかも，その真偽が十分に検討されることは期待薄である．とくに，学問の基礎である論理学での成果等については顧みられることは，まずなく），新しい「論」を展開してゆくのである．しかも，現状ではそれが許されているのであ

る．結果，自然科学での成果は，それを「信頼し得る」のに対し，文化科学ではその成果は「信頼可能か否かを十分に吟味する必要がある」という状況が生じてしまっているのである．これはいうところの「体系性」にも関連する問題であろう．

以上である．ただ，これらの内いくつかはあまり明確には指摘していなかったようである．よって，以下にまとめて示しておくこととする．

をまとめると，
1．提言は命題（真偽が定まった平常文）でなければならない．
2．さらに，それは確定名辞（意味が1つに確定）でなければならない．
3．反証可能であること．（ドグマでないこと．）
4．修正した論理実証主義に則って，行うこと．
5．人間心理を加味すること．
また社会現象での＝が示す意味には2つのものがあり，1つは自然科学と同じ「ものの数量」が等しいという意味であり，もう1つが「合意が成立した，」という意味であり，等しい量が示されているわけではない．
6．自己保存と種の存続を，真の公平・平等的に肉体的に，精神的にも平穏のうちに存続せしめる，という，倫理に則っていること．
7．人間社会のトレンドの延長線上にあること．
8．パースのアブダクションや，帰納，演繹，類推を用いること．
9．社会科学は自然科学と同じではない，と言うことを認識していること．また，社会科学では人間合意の変化に従って，次々と理論を更新せねばならない．
10．論は体系的に論じられること．提言された命題を単独で検討するのではなく，様々な論の帰結を参照しながら，全体的に整合性が取れるように，検討すること．
11．なお，ここではあまり強調されていなかったが，文系研究では，過去の業績の吟味が不十分なケースが多い．よって，極力吟味し，採用不採用を明確に

した上で提言すべきである，ということである．
カントはこうした科学としての要件の内，「反証可能」と「仮説・予測・実証という論理実証主義と同じ手順を踏む」という点に関しては，言及していると考えられる．なお命題か否かについては，カントは「真としての命題であるべき」とはしていたようである．とすれば，議論の対象が命題であることは当然のことであったであろうと思われる．

以上が，カントについての判断である．

2　J・S・ミル

次に，ミルの考えを見ておこう．

> 要約
> J・S・ミルによれば，「人間精神が我々の確かめていない無数の事情によって取り囲まれ，曖昧にされている．」とする（J・S・ミル著，大関將一，小林篤郎訳『論理学体系——論証と帰納——』Ⅲ，春秋社，昭和33（1959）年，東京，178頁）しかし人間は自己保存や種の存続を優先させて行為するはずである．とするなら自己保存のためには，まず自身の安全と経済的利益を図るであろう．つまり，この2つの実現を目指して，それに適う手段を，優先的に行為するであろう．また，種の存続のためには，平穏的な社会の実現を目指し，よって，それに適う「利他意識」の社会への普遍化行為を行うであろう．よって，一程度の人間行為の絞り込みは，可能であるだろう．

ミルは，J・S・ミル著，大関將一訳『論理学体系——論証と帰納——』Ⅰ，春秋社，昭和24（1949）年，東京．J・S・ミル著，大関將一訳『論理学体系——

論証と帰納——』Ⅱ，春秋社，昭和 (1959) 年，東京．J・S・ミル著，大関將一，小林篤郎訳『論理学体系——論証と帰納——』Ⅲ，春秋社，昭和33 (1959) 年，東京．J・S・ミル著，大関將一，訳『論理学体系——論証と帰納——』Ⅳ，春秋社，昭和33 (1959) 年，東京．J・S・ミル著，大関將一，小林篤郎訳『論理学体系——論証と帰納——』Ⅴ，春秋社，昭和34 (1950) 年，東京．J・S・ミル著，大関將一，小林篤郎訳『論理学体系——論証と帰納——』Ⅵ，春秋社，昭和34 (1950) 年，東京，において，社会現象の研究につき，詳細に示している．各々につき，順次見ていこう．

第一巻
『論理学体系——論証と帰納——』Ⅰ，春秋社，昭和24 (1949) 年，東京．

> 要約
> 使用する言語の意味内容につき，明確にせよ．そのため，命題，名称（範疇），定義，等につき説明する．

　ミルの論理学に対する考えを見るまえに，ミルの研究者としての立ち位置や，研究に対する姿勢につき触れておこう．『論理学体系』の第一巻の訳者序において，大関將一氏はミルの研究の立ち位置につき，
「当時の学会で大いに欠けていたもの——即ち人間の知識及び認識能力に関するドイツ流の先天的な見方とは反対の学説——「即ち一切の知識は経験より来るもの，一切の道徳的・知的諸性質は主として連想作用によって，与えられた方向によって定まるものだ」という教科書を提供したものである，とする．また，「直観派の哲学者達が真理の証拠は経験よりも一層深い所に基づくものに相違ないという憶測の証明として常に引用するところの，所謂必然の心理なるものに対して，私の論理学体系は，経験と観念連合とを用いて一種独特の説明を下したのである（前書，5頁）．」と，自身の立ち位置を示している，とされる．

「実際に於いては事実は複雑であって，相互に連絡のつかないような場合が寧ろ多い」「思弁によって，事実を無視した思想の体系を構成することの方が，遥かに易しい（前書，6頁）」という立場にあった．

さらに，研究姿勢につき，若い時に開いていた研究座談会で培ったとして「いかなる難問題でも生半可な解決では決して満足しないこと，難問題を不可解として打棄てることなく，それが解決されるまでは幾度も立戻って究明すること，或る1つの題目の些細点が不明であってもそれが余り重要でなさそうだからと言うので，吟味せずにおくようなことは決してしないこと，1つの問題の全体を理解し盡すまでは，たとえその一部分でも決して完全に理解したとは考えないことなどであった（前書，6-7頁）．」とされている．したがって，マルクスは何故こうしたミルのような真摯な研究姿勢を学ぼうとしなかったのか，その資質に疑念が生じるのである．

第一巻では，「使用する言語の意味内容につき，明確にせよ．」として，そのため，命題，名称（範疇），定義，等につき説明する．また，「直観派の哲学者達が真理の証拠は経験よりも一層深い所に基づくものに相違ないという憶測の証明として常に引用するところの，所謂必然の心理なるものに対して，私の論理学体系は，経験と観念連合とを用いて一種独特の説明を下したのである（前書，6頁）．」とする．

さらにミルは「希望・歓喜・恐怖・音声・香・味・苦痛・快楽・思考・判断・概念等々」といった「感情や心の状態」は「実体や属性の中に数えることは出来ない（前書，76頁）」とする．

よって，「感覚は感覚を惹起する客観物からは注意深く区別されなければならぬ．（前書，84頁）」のであるとする．

次に，「命題とは実際には何であるか（前書，162頁）」につき，「命題の意味とは，主語の指示する個別的事物が，述語の共指示する属性を持っているということである．（前書，162頁）」から，命題が示すもの，とは「命題とは継起・

共在・単純存在・因果関係を主張する（又）は否定する（前書，165頁）」ものである，と規定する．
命題に「曖昧と困難とがあるとすれば，（中略）命題を構成する名称の意味にある.」とする．そして，本質的命題と偶有的命題につき，本質的命題とは「純粋に言葉だけの命題」であり，「特定の名称をもつ事物についてその名称によって呼称されているという単にそれだけの事柄しか主張してゐないので，かかる命題は何らの知識をも与えないか，又は与えるにしても名称に関する知識を与えるだけで，事物に関する知識を与えることはない（例：すべての人間は動物である．）．」「これに反して非本質的または偶有的命題は，言葉だけの命題に対して実在的命題と呼ばれる．この命題は或る事物について，これを陳述する命題に於いて使用されている名称の意味の内に含まれていない事実を主張する（例：人間は神ではない．）．」とし，この区分は，カントの分析判断と綜合判断に相応するとする（前書，194頁）．

また，「類似（中略という）何人もが陥る言葉の曖昧さ（116頁）」により，誤りを生ぜしめるとして，「存在するとは，何らかの感覚又は意識の状態を惹起すること又は惹起することができることにある．この感覚は何であるかは問うところではないが，何らかの感覚があることは除外するわけにはいかぬ．ヘーゲルが存在者（有）とはすべての特殊属性を考え去って到達した1つの抽象であることを発見して，自己矛盾する命題に到達したのは，この点を看過したのによる（前書，169頁）」．さらに，
「この自己矛盾せる命題の基礎の上に，有は無と同じだという彼の全哲学を築いたのである．これは実際に於て言葉の最も包括的な意味に於ける「或るもの」の名称である」（前書，170頁）と，ヘーゲルを批判する．（よってミルは，ヘーゲルは現実を無視した架空の論を，あたかも現実視した説として展開しているとして，批判しているのである．）

最後に，定義とは：「言葉の意味を説明する命題（前書，224頁）」であるとする．そして，「名称に応ずる事物が実際に於ては存在しないときですらも，か

かる事物の存在を暗に想定している（前書，251頁）」，また「定義は名称の定義にすぎないときにもそれに応ずる事物の知識に基かねばならぬ 254 頁」とする．よって，架空のものを論ずるときには，「・・・と想像されている（前書，250頁）」と付け加えるべきだとする．

第二巻
Ｊ・Ｓ・ミル著，大関將一訳『論理学体系――論証と帰納――』Ⅱ，春秋社，
　　昭和 25（1950）年，東京．
（第二巻も，旧仮名遣いを新仮名遣いに改めた．）

> 要約
> 帰納と演繹の関係を説明している．
> 1，如何に命題を成り立たしめるか，の方法．（正しい推論）2，いかにして，論理的推論を実行するか．それは，三段論法である．3，論理的推理の具体的な方法．4，皆さんも，科学的方法論としての，帰納・演繹の扱い方の具体的内容をつかむという視点から読まれれば，と思います．帰納・演繹そのものの扱い方（ただし，帰納についての具体論は，第三巻），帰納を演繹で高めるための扱い方．
> 5，三段論法の内実の説明．

第二巻では，演繹の扱い方の具体的内容を示している．結果として，如何にして命題を成り立たしめるかに繋がっている．
まず，三段論法につき，検討を行う．

すべての人間は死ぬ（大前提）
ソクラテスは人間である（小前提）
故に，ソクラテスは死ぬ（結論）23 頁
なる三段論法において，

86頁（(大前提)すべての人間は死ぬの内実，つまりここでの「不完全帰納による大前提」は，「或る事実の一般化した命題，つまり内容」のことであり，(小前提)ソクラテスは人間であるという「小前提」は「その大前提が示した一般的命題を内包した命題」のことである．よって，或る事実の一般化した命題＝真，が前提とされている．そのことで(結論)，故に，ソクラテスは死ぬという結論が導き出されているのである．ただ，ポパーが指摘したように，帰納により提示された一般化の内容は，必ず真とはみなし得ないことに注意すべきである．何故なら，「人間は死ぬ」という事実につき，全てのものを確認できないからである【不完全帰納】．（不完全であっても，真であると見なすのが，ミルの立場．他方，ポパーは，よって帰納を否定する．）
確認作業を子や孫に託しても，彼らも同様に彼らの子や孫に託さざるをえないから，人類の終焉まで作業は続いてしまうからである．よって，あくまで「現時点では真と見なされるという一般命題」として理解すべきであろう．
　では，論理実証主義で帰納と演繹を重視するのは何故か．
87頁の（帰納：特殊から一般を引き出．例：私はいずれ死ぬ，私の父は死んだ，私の父の父は死んだ ｛各，特殊の例｝，→よって，人間は死ぬだろう ｛一般｝
演繹：一般から特殊を引き出す．例：人間は死ぬ，しかるに私は人間だ，よって私はいずれ死ぬだろう，特殊）
という推論は，
「我々は論理的作用の全体を２つの段階に区分する極めて便利な方法を設けることができる．即ち第一は，いかなる属性が死すべきこと（ではなく，一般化して，「その変化」はどのようになるか，であろう）の指標となるかを確かめること，第二は，どんな個別者がかかる指標を持っているかを確かめることである（前書，88頁）．」
（つまり，第一は，ここでの属性に当たるのは，「人間」であり，かつ「それら対象とした者が死ぬ」という二点であろう．第二は，私の父に，私の父の父に，その他特定の各個々人に

似ている」という命題となる）という内実となる．

ともかく，帰納で引き出した「人間は死ぬ」という命題を，演繹によって「ソクラテスは死ぬ」という，ソクラテスという個別者にまで広げて示す推論を行っていることとなる．言わば推論の質が上がったと考えられるのである．このことが，論理実証主義の目的であろう．

109-110頁では，推論が全て帰納ならば，それは学ではない．つまり，演繹は重要である．

117-118頁では，この故に我々は今は演繹的にすることのできる学と，今なお実験的として止まらねばならぬ学との間の画然たる区別はどんなものであるかを知ることができる，相違は我々が指標（対象が「真」であると見なす根拠）の指標を発見することができたか，又はまだできなかったかという点にある．我々が数多くの帰納を用いて，次のごとき命題を得ること以上に進まなかった場合，即ち「aはbの指標である」，もしくは「aとbとは相互に指標である」，又「cはdの指標である」，若しくは「cとdとは相互に指標である」という」「（118頁では）命題はあるが，a又はbとc又はdとを連結する何ものもないような場合には，我々は個々別々な相互に独立な一般化をしか行わない科学を持つだけである．例えば「酸は植物の青を赤くする」，「アルカリはこれを緑色にする」は各々独立な一般化であって，我々は，これらの命題の一方を他方から，直接にも又間接にも推論することはできない．従って科学がかかる命題からのみ成立している限り，その科学は純粋に実験的である．（個々の事実（法則）が独立的にしか実証されていない科学）化学は我々の知識の今日の段階では，未だにこの特徴を投げ棄てることができない．」

即ち「aはbの指標である」，「bはcの指標である」，「cはdの指標である」，「dはeの指標である」等々，かくの如き科学においては我々は論証の過程によって，階梯をaからeへと登ることができる．我々はaがeの指標であること，aなる指標を持っているすべての対象はeなる特性を持つことを結論できる．この際aとeとを一緒に観察することもできず，又eの直接の指標となっ

ているdですら，それらの対象においては知覚できず，ただ推論できるだけである（bからeは，存在はしているがまだ見えていない状態の段階）．例えを変えてこう言うこともできる．即ち我々はaから地下のeに達することができる．その通路を指示するb，c，dなる指標は，我々の研究している対象が，どこかにおいて必ず持っている指標である．しかしそれらは地表の下に隠れている．aだけが目に見える唯一の指標である．そうしてaによって我々は次々と他の指標を見つけてゆくことができるのである（前書，117-118頁）．」

「数学的確実性と呼ばれているものは，無条件的真理と完全な精密性との二重の概念を含んでいるが，これはすべての数学的真理の属性ではなく，広義の量とは区別された純粋の数に関する数学的真理のみの属性である．即ち数を現実の量の精確な指標であると想定することをしない限りに於いての数に関する数学的真理の属性である（前書，184頁）．」

（つまり，「りんご1個（みかん1個）+みかん1個=くだもの2個」，での1+1=2（個という単位を省いた抽象的概念としての数）が純粋の数（抽象的数），であり，「りんご1個（みかん1個）の目方のグラム数，と，みかん1個のグラム数を加えた，くだもの2個のグラム数」での合計グラム数が，グラム数を示す具体的数としての数である．ここで，1+1=2は無条件的真理と完全な精密性，という性質を持つが，グラム数を示す具体的数としての数，は，計量の精確度によって，数値が異なる可能性があるから，あくまで「仮説」であることとなる．）

項5 矛盾律と排中律とに関するウイリアム・パミルトン卿の意見（前書，217頁），

「矛盾律と，排中律」とは「前者は2つの矛盾する命題が共に真たり得ずということを表し，後者は2つの矛盾する命題が共に偽たり得ずということを表わす（前書，218頁）．」

「矛盾の原理は，（中略）もっと簡単な形で，同じ命題が同時に偽にしてかつ真なることは，できないと述べるものとしなければならぬ（前書，219頁）．」

「矛盾律」と，「排中律」の基本原理の根本は，「主張が真か或は偽かのいづれ

かでなければならぬことを意味する（前書，219-220頁）．」（従って，提言は真偽が確定した「命題」でなければならないのである．）

「意識の否定的様式はそれに相応する肯定的様式を除外することなくしては，生起することができぬこと，（中略）このことについての絶対的に不変的な法則を式化したものが，排中律である（前書，221頁）．」（浄・不浄の認識における関係）

以上，第二巻

第三巻
J・S・ミル著，大関將一，小林篤郎訳『論理学体系──論証と帰納──』Ⅲ，春秋社，昭和33（1958）年，東京．

> 要約
> そもそも帰納とは何か，を見る．それは，
> 1頁「帰納とは，一部類のある個別者について真であるところのものが，部類全体について真であると結論する手続き，又はある時に真であるものが，類似の事情の下では，すべての時に真であると結論する手続きである．」
> とする．

ただ，第三巻の最後に「演繹法」が示されており，それから，先に触れておこう．
「演繹法は3つの操作から成っている．第一は直接帰納の操作，第二は論証の操作，第三は検証の操作である（前書，302頁）．」
「第一段階を，帰納的操作と呼ぶのは，全体の基礎として直接帰納が存在しなければならないからである（前書，302頁）．」よって，
「観察と実験（前書，303頁）」が必要だとする．（つまり，論の前提には経験＝事実が保証されている必要がある，ということである．）

303頁「主題が社会的又は歴史的現象であるとすれば，演繹法の前提となるものは，この種類の現象を決定する原因の法則でなければならない（前書，303頁）．」

「社会現象に適用される演繹法は，人間行動と，社会」における人間の行動を決定する外的事物の特性とに関する諸法則を研究することを以て始めるか，又はこれをすでに研究したものと仮定しなければならない（前書，303頁）．」

「これらの一般的心理のあるものは，当然に，実験と観察とからえられるであろうが，他のあるものは演繹からえられる（前書，303頁）．」

「人間行動の複雑な法則は単純な法則から演繹される．しかし単純な根本法則は，常にそして必然的に，直接的な帰納的手続きから獲得されたものであろう（前書，303頁）．」

要するに，演繹法が正しく成立するためには，帰納的に新しい事実が提示され，それを三段論法により推敲し，その結果を実証することにより成立するのであり，各々の処理が，すべて必要なのである，としている．

以下，第1章から第11章までの内容である．

「すべての推論，したがってすべての証明と，自明的でない真理のすべての発見とは，帰納と，帰納の解釈とから成立しており，直覚的でない我々のすべての知識は，もっぱらこの起源から生じている（前書，3頁）．」

問題は「帰納とは何であるか，どんな条件が帰納を正当なものとするか」が「論理学の主要な問題（前書，3頁）」である，とする．

「実践的規則が帰納自身に対する関係は，三段論法の規則が帰納の解釈に対しての関係と，同じである（前書，4頁）．」

「帰納は一般命題を発見しかつ証明する操作であると定義することができよう（前書，4頁）．」

「一般者とは特殊者の集まりにすぎないもの出会って，種類は一定しているが，その数は不定であるようなものであ（前書，4-5頁）」る．

第1章 既説の検討　31

「経験から導く正当な推論の事例であって，（中略）一般真理に到達する手続きの分析は，実質上，すべての帰納の分析である（前書，5頁）．」
「感覚又は証言が個々の事実の正否を決定しなければならない．」「次にこれらの事実が正しいものと仮定して事例が次々に従属せしめられるいろいろ異なった帰納の公式に，実際上この事例が従っているかどうかを，三段論法の規則が決定する．最後に帰納そのものの正当性は他の規則によって決定されねばならない（前書，7頁）．」（このように，帰納，演繹，の役割を述べ，さらに「他の規則」の証明も必要とする．他の規則，とは，よって実験・実証のことであろう．まさに，論理実証主義と同じ手順の説明となっている．）
「特殊な事実を証明する論理的手続きと，一般的な科学的真理を確立する論理的手続きとが，同じである（前書，7頁）」とする．
12頁で，帰納は単に言葉の言いかえにすぎないものとは区別される，として
「帰納とは（中略）特殊の1つ又は1つ以上の事例において真であると知られたものが，これとある特定の指摘可能な点において似ているすべての事例においても，同様に真であろうと推論することである（前書，12頁）．」（従って，今まで知らなかった新しい事実を付け加える，という行為となる．単に既知の事実をまとめるだけの作業ではない．（前書，32-33頁））
あるいは「帰納とは，一部類のある個別者について真であるところのものが，部類全体について真であると結論する手続き，又はある時に真であるものが，類似の事情の下では，すべての時に真であると結論する手続きである（前書，12頁）．」
その部類の内のすべての個別者について真であることが一々既に確かめられていないとしたならば，（中略）完全な帰納ではないと言われている（前書，13頁）．」
一方，「すべての惑星は太陽の光によって輝くということを，個々の惑星を観察することによって主張する場合」「完全な帰納法と呼ばれる．」「しかしながらこれは我々の帰納法とは全く違ったものである．これは知れる事実から未知

の事実を推論するのではなく，知れる事実の手短かな単なる記録にすぎない（前書，13頁）．」

「一般命題とは，制限の数の個別者について，即ち命題の主語の共指示する特性を所有するすべての存在するもの，存在し得るもの——その数の大小に拘わらず——について述語が肯定又は否定される命題である（前書，14頁）．」「「すべての人間は死ぬ」とは現在生存しているすべての人間を意味するのではなく，過去，現在及び未来のすべての人間を意味するのである．」（しかし，今やiPS細胞で，新しい臓器が作れるようになってきたことから，脳の作成にもし成功したなら，生物にとっての「死」とは如何なるものかを再定義せねばならなくなる可能性が存する．とすれば，「すべての人間は死ぬ」と言う命題は，「一般命題」とは言えなくなるであろう．よって，「人工的に処置などしない人間は死ぬ」とする必要があるだろう．これは，「単称命題の若干数を，省略的に述べた命題（前書，14頁）」となるだろう．）

「直線は二点以上の箇所で円と交わることができないことを証明し，次に同様のことを楕円，放物線，双曲線について次々に証明するとき，このことは円錐体の裁断の普遍的特性である．」という事例については「推論はないのだから，帰納はない．結論はそれを導く種々の命題において主張されていたものを単に寄せ集めたものにすぎない（前書，16頁）．」（数学的帰納法の事例として，「P1：正しい，Pk：正しい，Pk+1：正しい，ならば，Pn：正しい，と言える．よって，この事例も推論ではないから，帰納法とは言えないこととなろう（『入門社会「科学」方法論』，60頁））

16頁で項2帰納は数学において誤って帰納と呼ばれているものとは区別される，とする．

「証明のできる単称命題を集めて，1つの一般的表現を与え，全称命題とするのである（前書，17頁）．」

よって，これらは「推理の類道による帰納」と呼ぶのが，適当な名称であろう（前書，17頁）．」とする．

「これは特殊事例から一般命題を推論することを含んでいないから，本当は推論ではないのである（前書，18-19頁）．」

19頁で帰納の「第三の不適当な使い方」として「一連の観察された現象を，一般名称を用いて単に記述することを，現象からの帰納と混同していることである．」とし，これは誤謬であるとする．

21頁では，ケプラーの火星の楕円軌道の提唱の過程で「ただ1つの真正の帰納と見るべきものは，火星について観察した位置は，想像上の楕円における諸点によって正確に表わされているから，火星はこの同じ楕円の軌道を運行し続けるであろうと推論したこと，2つの観察の間に挟まる時間中に惑星の占める位置は，曲線の中間の各点と合致するに相違ないと結論した（間隙が観察によって後から埋められるよりずっと以前に）ことである．」とする．（後にハンソンは，このケプラーの作業をアブダクションであるとした．）

21頁，これは「推論された事実である．」

22頁，ただこれらの推論は「天文学者達」によってすでに確認されていた」のでケプラーは「推論された事実（惑星は周期的に同じ位置に戻る）に対して，彼の新概念を適用しただけである．」とする．

32-33頁，「事実を総括すること」は帰納ではない．

「ケプラーは観察した真理を，その真理を観察した事例とは別な事例まで拡張することはしなかった．いいかえると，彼は観察した事実を表現する命題の主語を拡大することはしなかった．彼の加えた変更は述語についてである．」よって「観察したものよりも以上のものを総括するとき，始めて真の帰納になるのである（前書，39頁）．」

41頁，「ケプラーの法則は小前提を提供しただけで，（真の帰納におけるように）大前提を提供していない．」

42頁で「帰納を補助する操作を主題」とするのは「第四巻」にゆずるとする．

44頁，「帰納は」「経験からの一般化であると定義することができる．」

44頁，「帰納とはある現象の生起するのが観察される若干の個別的事例から推論して，その現象が或る部類のすべての事例において，すなわち重要な事情として認められる点について前者に類似するすべての事情において，生起すると

結論することである.」
帰納の根拠は「1つの原理」があり「一度生起したものは,」「再度生起する（前書, 44-45頁)」ということである.
46頁で「自然過程は斉一であるという命題は,」「帰納の基本原理であり, 一般的公理である.」
47頁で「すべての帰納は大前提を伏せた三段論法である.」「すべての帰納は大前提を与えれば, 三段論法の形式に組み立てることができる.」とする.

帰納の三段論法に従った推論の事例
事例1
大前提：a　という現象が　ABC, ADE, AFGという3つのグループ　で生じた.
P：aという現象
M：3つのグループ

小前提：3つのグループで　共通するのはA
M：3つのグループ
S：共通するのはA

結論：よって, Aがaの原因だろう.
S：共通するのはA（つまり, Aが）
P：aという現象
よって
三段論法の形式
大 PM
小 SM
結 SP

にかなっている

事例 2
人は夢をみる　（夢　を見るのは　人　である）
A さんは人である
よって A さんは夢を見る

「三段論法の大前提」は「結論を証明することに対しては何ら寄与することがないが，結論が証明されるために必要な条件である（前書，47 頁）．」とする．
53-54 頁，「白鳥は白いという命題」は，「矛盾する事例の発見されない場合における単純枚挙による帰納」と言われる．（黒い白鳥もいる．）＝単純枚挙による帰納とは，単に「経験の一般化」であるとする．
61 頁 3 つの法則「空気は重さを持つという法則，液体に加えた圧力は，あらゆる方向に等しく伝達されるという法則，一方向に加えた圧力は，反対方向の等しい圧力によって抵抗されないときには，運動を生じ，平衡が回復するまではこの運動は停止しないという法則（前書，61 頁）」が，根本的な 3 つの斉一性である，とする．
「もし我々が 3 つの単純な法則を知っているならば，（中略）その結果（トリチュリ管における水銀の上昇＝気圧計を予想すること）をこれらの法則から演繹することができる（前書，61 頁）．」
「科学的述語（前書，62 頁）」（初出．但し「科学」の定義は示されず．）
（科学であるためには，既知の正しい考えを前提にしなければならない．）
「最初の科学研究者はこれらの事実を，既知の真理と仮定して，これから出発して未知の他の事実を発見しようとした．」「彼等はこれらの自然発生的な一般化そのものを，後から修正しようとした．」「科学研究のこの処理手続きには論理的誤謬はない（前書，66 頁）．」
「弱い帰納を強い帰納から演繹する手段を見出せば（中略）強い帰納の持つ力の

すべてを獲得（前書，68頁）」できる，とし，その強い帰納に当たるのが「自然の法則（前書，70頁）」であるとする．そして「このような確実でかつ普遍的な帰納がある（前書，71頁）．」とする．（こうした考えが，ミルに，帰納に対しての絶対に近い信頼感をもたらしたのであろう．しかし，あらゆる「弱い帰納（恐らく，不完全帰納のこと）」すべてが強い帰納によって演繹できるとは限らないと思われるので，疑問視されざるを得ない．）
「あらゆる現象は，共存する他の現象と斉一の仕方で関係し，及びこれに先行または継続する他の現象と，同じく斉一の仕方で関係する（前書，73頁）．」

「ある限られた数の無条件的継起から，はるかに多数の条件的継起が生ずることは明白である（前書，103頁）．」
106頁で原因はその結果と同時に存在することができるかとし，
できない，なぜなら，
「しかし原因がすでに止んだ後までずっと結果がつづいているような例も身近107頁にいつも数多くある．日射病は脳炎を起すが，日光の直射を避けたからと言って，直ちに脳炎がさるであろうか（前書，106-107頁）．」
「精神の状態は，我々の意識している唯一の脳動因である（前書，142頁）．」
167頁「自然に存在する因果関係の法則はどんなものであるかを確かめ，すべての原因の結果と，すべての結果の原因とを定めることが，帰納の主要な仕事である．そうしてこれからどういう風にして行われるかを指摘するのが，帰納論理学の主要な目的である（前書，167頁）．」
「前章（第五，第六の両章のようだ）」で明らかとなったのは，「自然におけるどんな後件がどんな前件と不変的に連結しているか，言いかえると，どんな現象が原因と結果として互いに関係しているのかを，確認する手続きは，ある程度分析の手続きであるということである．存在し始めるすべての事実は原因を持つこと，この原因は生起する事象に直接に先行するある事実，又は事実の輻輳のなかに発見されなければならないことは，確実なものと考えることができる

（前書, 169 頁）.」

169 頁で,「前章」で明らかとなったのは,「自然におけるどんな後件がどんな前件と不変的に連結しているか, 言いかえると, どんな現象が原因と結果として互いに関係しているのかを, 確認する手続きは, ある程度分析の手続きであるということである. 存在し始めるすべての事実は原因を持つこと, この原因は生起する事象に直接に先行するある事実, 又は事実の輻輳（物が一か所に込み合うこと）のなかに発見されなければならないことは, 確実なものと考えることができる（前書, 169 頁).」とする.

「この複雑な斉一性を, これを構成するいっそう簡単な斉一性に分解し, 膨大な前件の各部分に, 後件のこれに随伴する部分を割り当てることである（前書, 169-170 頁).」

170-171 頁では, こうした分析過程では, 人々の能力によって, その質に差が生じる. これは, 精神の差であろう. つまり,「観察者とは, 事実をたんに我々の眼前にあるままに見る人ではなく, その事実がどんな部分から構成されているかを見る人のことだからである. これを巧みに行うのは稀有の才能である. ある人は不注意から, もしくは注意する場所を誤ることから, 彼のじっさいに見ているものの半分を見落としてしまう. 又ある人は彼がじっさいに見るものよりも以上のものを書き留めて, これを彼の想像するものや, 推論するものと混同している. 又ある人はすべての事情の種類については, 注目するが, その程度を評価することが未熟であるため, その各々の量を曖昧不確実にする. 又他の人は全体を見てはいるが, 分離する必要のある物を 1 つに集合したり, 1 つとして考える方が便利な事物を分離したりして, 甚だ拙い分割をするため, 結果は分析を行わないときと同じであるか, また時にはずっと悪くなる（前書, 170-171 頁).」と, 様々なケースを例示する.

「（前件と後件において,）どれがどれと連結しているか（前書, 173 頁)」を見よ.

174 頁で,「帰納の目的のために事例を使用する際には, 観察の場合にも実験の場合にも, 同一原理に基づいている.」これらにおいては「手続きは, その

種類をことにするものではない．（中略）論理的区別はない．しかしながら使用上の区別はある．」例として，貨幣は，相続したものであろうと，稼いだものであろうと，変りはない，とする．

175頁「我々は人工的な実験に負うている（前書，175頁）．」

「実験によって我々は，そのままで自然に於いて発見できないような，事情の無数の組み合わせを獲得できる」とする．

「我々がAという原因の結果が何であるかを知ろうとし，そうして我々の自由になる手段で，Aを生起させることができれば，我々はAと共に存在する事情の全体を，（中略）決定することができる（前書，176頁）．」

「人工的の実験が不可能であるか（天文学），（中略）又は極めて制限されている（精神哲学，社会哲学，（中略）生理学）現象を取り扱う科学においては，直接経験に基づく帰納は，実行に多くの不便を伴い，多くの場合に，実行不可能に近い．それ故に，（中略）大部分が演繹的でなければならないということになる（前書，178頁）．」（帰納は演繹で実証できる，とするが，よほどの慎重さが必要だろう例えば，現存を確認してみる，異なる視点からの演繹を複数行う．）

「帰納的研究は，どんな原因がどんな結果と連結しているかを確かめるのを，目的としている（前書，179頁）」そして，

「原因が与えられているときその結果を，結果が与えられているときその原因を，研究することができる（前書，179頁）．」

しかし，

180頁「人工的実験は」「原因を取り上げて，原因が何を生ずるかを試みることができる．しかし結果を取り上げて，それが何によって生ぜしめられたかを実験することはできない（前書，180頁）．」

182頁「我々が前件を人工的に生起させることができ，そうした時結果が継起するならば，帰納は完全である（前書，182頁）．」

「我々は多くの現象が結合していることを知っているが，そういう現象の場合に，どれが他のものの条件であるか，どれが原因であるか，どれが結果である

か，又は，いずれもがそうであるのか，それとも，これから発見さるべき原因の連合した結果でないか，これまで知られない法則の複合している結果でないのか，我々はこれを正確に知ることができない（前書，183頁）．」

このように，準備がなされたので，以下，直接帰納の諸方法を論じよう．

ここでは，5つの帰納法を示し，それぞれがどのようなケースで用いられるかを，解説する．これらは「人類が自然の法則を，特殊な観察や経験によって探求するために用いている方法（前書，201頁）」であるとする．

「一現象に先行し，またはそれに後続する事情の中から，この現象と不変的法則によって，じっさいに連結されている事情をえらび出すための，最も簡単でかつ最も明瞭な方法には，2つある．1つはこの現象の生起している多くの異なった事例を1つに集めて比較することである．他はこの現象の生起していなる事例と，この事例と他の点では類似して居ながら，しかもこの現象の生起していない事例とを，互いに比較することである．この両方法はそれぞれ一致法および差異法と名づけることができる（前書，185頁）．」

（ある結果を生ぜしめる原因を知るための方法としての帰納には，まず，基本的なものとして一致法および差異法がある．）

一致法（前書，185頁）

「現象の法則に対する研究の二重の性格」とは，「1つは結果が与えられたとき原因を研究す津子とであり，他は原因が与えられたときその結果又は特性を研究することである（前書，185頁）．」

186頁「我々は前件（現象）をアルファベットの大文字によって示し，これに応ずる後件（現象）を小文字で示すことにする．Aを作動因又は原因とし，我々の研究の目的を，この原因の結果は何であるかを確かめることであるとせよ（前書，186頁）．」この時，

AがBとCと共に試行され，結果がabcであると想定せよ．次にAがBとCと共にではなく，DとEと共に試行され，そうして結果はadeであると想定

せよ．このときは我々はbとcとはAの結果ではないと推測することができる．」とする．
「同じようなやり方で，我々は結果が与えられたとき，その原因を研究することができる（前書，187頁）．」
「我々はaを，abcと結合している場合と，adeと結合している場合との2つの違った結合の内に観察して，これらの事例においては先行する事情が，それぞれABC及びADEであることを知るか，又は発見できるならば（中略）Aが（中略）連結している前件であると結論することができる（前書，187頁）．」ただし，
「我々が現象Aを人工的に生起させることができないならば，それがaの原因であるという結論は，甚だ重大な疑惑に包まれるであろう（前書，189頁）．」とする．
結論として，「第一準則（前書，190頁）」として，「研究しようとする現象を含んだ2つ以上の事例が，ただ1つの事情だけを共通にしているとき，すべての事例がそれにおいてのみ一致する事情は，与えられた現象の原因（又は結果）191頁である（前書，190-191頁）．」

差異法（前書，191頁）

「ABCの結果がabcで，BCの結果がbcならば，Aの結果がaであることは明白である（前書，191頁）．」
「第二準則（前書，193頁）」「研究しようとする現象の生起している事例と，その現象の生起していない事例とが，前者においてのみ生起している1つの事情を除いて，すべての事情を共通にしているならば，それにおいてのみ両事例が異なる事情は，その現象の結果であるか，原因であるか，又は原因の欠くことのできない部分である（前書，193頁）．」
193頁でこれらの2つの方法の相互関係，として，
「差異法はいっそう特に人工的な実験の方法であるが，一致法は実験が不可能

第 1 章　既説の検討　41

なときに，特に用いられる方策である（前書，194 頁）．」
「事情の前からすでに存在する状態のところへ，完全に確定されて変化を導き入れることが，実験の本性なのである．我々はあらかじめ熟知している事物の前から存在する状態を選択する．これはこの状態における予期しない変化が，我々の知らないうちに行われるようなことのないためである（前書，195 頁）．」
「この不変的後件が果たして結果であるかを決定するためにには，我々はこれに加えて，一方を他方によって生起させることができなければならない（前書，197 頁）．」（つまり実証過程）

一致差異併用法（前書，198 頁）

「現象をの生ずる作動因が，ただ 1 つの前件から成る作動因ではなく，前件の結合から成る作動因であるとき」で「しかもこの前件の結合を解体し相互に分離して，1 つ 1 つ展示する力を我々が持っていないとき（前書，199 頁）」には，一致差異併用法を用いる．「この方法は，間接差異法もしくは，一致差異併用法と呼ぶことができよう（前書，201 頁）」
「第三準則（前書，202 頁）」「問題の現象が生起している 2 つ以上の事例が，ただ 1 つの事情のみを共通にしており，他方，その現象が生起していない 2 つ以上の事例が，その事情の不存在であることを除いて，何ものをも共通にしていないとき，この二組の事例がそれにおいてのみ異なる事情は，その現象の結果であるか，原因であるか，又は原因の欠くことのできない部分である」（前書，202 頁，間接差異法・一致差異併用法）

剰余法（前書，203 頁）

「ABC の前件には，abc の後件が継起すると仮定せよ．以前の帰納によって（例えば差異法に基づいて），これらの結果のある若干のものの原因を，又はこれらの原因のある若干のものの結果を確かめ，A の結果は a で，B の結果は b であることを知ったと仮定せよ．全体の現象からこれらの結果の総和を控除す

ると c が残る．この c は新しい実験に訴えずとも，C の結果であることを知ることができる．」「剰余法は実際には差異法の特殊な変形である（前書，203頁）．」

「第四準則（前書，205頁）」「ある現象から，以前の帰納によって，しかじかの前件の結果であるとしてすでに知られている部分を控除せよ．そのときは現象の剰余部分は，残余の前件の結果である．」

共変法（前書，205頁）

以上の 3 つの帰納法（一致法，差異法，剰余法）では，「永続原因，いいかえれば壊滅不能の自然作動因についての法則」については，たいしょできない．自然作動因とは，物体が物理現象に及ぼす影響，のこと例えば，「振り子は，山が近くにあることによって，振動を妨げられる（前書，206頁）．」という現象のことである．

このときは，208 頁「前件におけるある変化」を利用する．即ち，「もし前件 A におけるある変容が，常に後件 a における変化を伴い，他の後件 b と c とが同一のままに留まるならば，(前書，208頁)」「a は全面的にか部分的にか，A の結果であるか，あるいは少なくとも A と何らかの仕方で因果関係の連結をなしていると，安心して結論を下すことができよう（前書，209頁）．」とする．この「方法は共変法と呼ぶこちができる（前書，211頁）．」

「第五準則（前書，211頁）」「ある他の現象がある特殊な仕方で変化する度毎に，何らかの仕方で変化する現象は，その他の現象の原因であるか，結果であるか，又は因果関係のある事実によって，これと連結している（前書，211頁）．」
共変法がより正確であるためには，「変化ばかりでなく，さらに A と a との絶対量をも熟知していることが前提されていなければならない（前書，216頁）．」でなければ，「その推論は完全帰納に基づくと考えることはできない（前書，219頁）．」つまり，共変法の限界である．ともかく，「これらの方法に，演繹から得られる助力を加えると，これらの方法は，人間精神が現象の継起の法則を

確かめるために利用し得る方策の全部を形成するものである（前書，220頁）．」と，帰納と演繹の重要性を語っている．

　実験の四方法＝帰納法の用途の例（一致法・差異法・剰余法・共変法）

金属性毒に関するリービヒの学説（前書，221頁）
一致法・差異法の例

「有毒物質のすべてに共通などんな特性が，その致命的な結果を及ぼすときに現実に作用する原因であるか（前書，221頁）」を見る時，「一致法によって取り扱うことができる（前書，222頁）．」とし，その検証には「差異法（前書，223頁）」が用いられる，としている．

誘導電気の理論（前書，226頁）
「誘導（感応）電気と呼ぶものの法則を確かめる（前書，226頁）」ケースでは，「一致法，共変法と，最も厳密な形差異法との各証明を結合することによって，（中略）わかってくる（前書，231頁）．」

232頁露に関する理論
ここでは，一致法，差異法，共変法の事例が述べられている．また，その目的として，「前の帰納を単に確認するところの（新しい事例に基づく）帰納である（前書，236-237頁）．」とも，指摘している．

ブラウン・セカール博士の屍硬直に関する理論（前書，242頁）

一致法，差異法，共変法，一致差異併用法が適用されるケースが述べられている．

剰余法の諸例（前書，251頁）
ABCという事象がaという現象を引き起こすが，BCでは生じないとき，Aがaの原因だ，とみなす剰余法は，天文学でしばしば用いられる，としている．

302頁，「演繹法」とは，においては，
302頁，第一段階は，直接の帰納によって個々の原因の法則を確かめることである
309頁，第二段階は，複雑な例において，単純法則から論証することである
312頁，第三段階は，特定の経験によって検証することである
とする．要するに，演繹法が正しく成立するためには，帰納的に新しい事実が提示され，それを三段論法により推敲し，その結果を実証することにより成立するのであり，各々の処理が，すべて必要なのである，としている．

以上訳書三巻

> J・S・ミル著，大関將一訳『論理学体系――論証と帰納――』Ⅳ，春秋社，昭和33（1958）年，東京．
> J・S・ミル訳書第四巻（原本第三巻の後半）よって，原本では第三巻

第三巻より
以下は「演繹法の第二次的な適用の問題の論に進めよう．これは現象の法則を証明することではなく，現象の法則を説明することである．（「現象の法則を証明」するとは，法則が確かに正しく，また，現実的存在である，ことを明らかにすることで，「現象の法則を説明すること」とは，その法則がどのような内容なのか，その内実を示すことである．）
なお，12〜25章では，主として各章と各章の項を示して，内容説明とした．
第十二章　自然法則の説明（前書，319頁）

項1 説明の定義（前書, 319頁）
「原因の諸法則が共働して起こさせる 結果の法則を，原因の諸法則から導くところの演繹的操作は，法則を発見する目的のために行われることもあれば，既に発見されている法則を説明する目的のために行われることもある.」（前書, 319頁）

「説明」の意味（前書, 319頁）
「一個の事実を説明するとは，その原因を指摘すること，すなわち，その事実の起こることがその位置事例であるような，因果関係の法則を陳述することである.」
「自然における斉一性の法則は，この法則そのものがその一例でしかなく，かつ法則をそれから演繹しようとすれば演繹できるような他の法則乃至諸法則が指摘されるときに，説明されたといわれる.」（前書, 319-320頁）

項2 説明の第一方式は，複合結果の法則を，共働する諸原因の諸法則と，及びその諸原因の共存の事実とに分解することである（前書, 320頁）
説明の第一方式：複合結果の法則において，共働している諸原因の諸法則と，諸原因の共存の事実に，分解すること，から始め，各々に触れてゆく．（分解＝説明と，ミルはする.）
例：惑星の運動→慣性力の法則と太陽に向かう求心力の二力の合成
321頁項3 説明の第二方式は，継起関係においてこれを媒介する連かんを発見することである（前書, 321頁）．（つまり原因の時もあれば，原因の原因である時もある．2つ以上の法則の合成である場合もある，それらを明らかとする.）
項4 法則は，常に，その法則よりももっと一般的な法則に分解される（前書, 323頁）
項5 説明の第三方式は，一般性の低い法則を，一般性の低い法則の下に包摂することである（前書, 328頁）
項6 自然法則の説明とは結局どんなことであるか（前書, 331頁）

第十三章　自然法則を説明するいろいろな例（前書, 336頁）

項1 科学の一般理論（前書, 336頁）
項2 化学の考察からの例（前書, 338頁）
項3 神経系についてのブラウン・セカール博士の研究からの例（前書, 342頁）
項4 新しく発見された法則を，その法則の現れる複雑な現象にまであとづけることの例（前書, 344頁）
項5 経験によって一般化したものを，後から演繹によって確認し，かつ説明することの例（前書, 346頁）

「ソーダ粉末が人間の組織を弱めるという経験に基づいた一般化を」「酒石酸塩を炭酸塩に変えるためには，酸素の余分の量が必要である．このために起こる酸素の減少は，血液との同化のために必要な酸素の量を減ずることになる．」よって，人体組織の活動をよわめる．」

「人間の性格や行動に関して，経験者の与える正しい意見はすべて特殊法則であって，これを人間精神の一般法則が説明し解決するのである（前書, 347頁）．」

項6 精神科学からの一例（前書, 348頁）
「精神科学」で判明している法則（前書, 348頁）
「快苦の性質を帯びた観念は，他の観念よりももっと容易に，もっと強く連合（強め合い）を形成する（前書, 348頁）．」
「我々の思考は，激情や我々の胸にいだく関心と結びつくときには，容易にかつ急速に生ぜしめられる（前書, 349頁）．」「また」「我々の記憶に強く銘記される．」
「我々の興味をひくことの深かった対象や事件に伴う事情については，我々は微細にわたっていきいきと記憶している（前書, 349頁）．」
「連合には二種類がある．一は同時的印象間の連合で，他は継起的印象間の連

合である．印象の快楽の性質に比例して連合が強くなる（前書，349頁）．」という事例である．
項7 すべての科学は演繹的になる傾向を持っている（前書，350頁）

第十四章　自然法則の説明の限界と，仮説とについて（前書，354頁）
項1 自然におけるすべての継起現象は1つの法則に還元できるか（前書，354頁）

「誘導的法則」「他のもっと一般的な法則から演繹できるもの（前書，354頁）」
「究極的法則」「このようなことのできない法則（前書，354頁）」
「最初は究極的だと思っていた斉一性が，誘導的で，もっと一般的な法則に分解できることを，我々は絶えず発見している（前書，355頁）．

項2 究極的法則は，我々の本性のいろいろな感情【広義】の数よりも，少ないことはありえない（前書，355頁）

1．「自然の究極的法則は，我々の本性にある弁別可能な感覚その他感情（中略）の数よりもおそらく少ないことはありえないことを注意するのは有益である（前書，356頁）．」

「我々の感覚，または他の意識状態の，いろんな面が，ただ一種類の原因だけを持っていることを，示すことにある．例えば我々が白い色を知覚するときには，そこにはある1つの条件又は一組の条件があり，これが常に存在し，その存在が常に我々にこの感覚を引き起こすことを示すことにある（前書，357頁）．」

「すべての運動は同一種類の原因によって同じ1つの仕方で生起するのだと，

仮定することには不合理は存しない．（前書，358-359 頁）」

項 3 究極的事実が説明できるとは，どういう意味においてであるか（前書，357，361 頁）

項 4 科学的仮説の本来の用途について（前書，357 頁）

「仮説とは，真実なものとしてすでに我々に知られている事実と一致する結論を，そこから演繹する目的のために，我々の作る想定のことである（前書，363-364 頁）．」

「科学的意味における説明とは，因果関係の法則ではない斉一性を，それを生じさせる因果関係の法則に分解すること，または，因果関係の複合法則を，これを演繹的に推論せしめることを可能ならしめるいっそう単純ないっそう普遍的な法則に分解することにあるから，もしこの要求を充たす既知の法則が存在しないならば，我々はこの要求を充たすあるものを仮作し又は想定することができる（前書，364 頁）．」

「仮説は，いつまでも仮説としてとどまることなしに，観察された事実と比較されて証明されるか，又は反証されるかするものであることが，その仮説の最も純正な科学的であることの条件であるように思われる（前書，371 頁）．」

項 5 科学的仮説の必要欠くべからざるものであること（前書，374 頁）

項 6 仮説における正当さには 2 つの程度がある（前書，378 頁）

項 7 研究の中には，見たところ仮説的であるが，じっさいは帰納的ものがある（前書，388 頁）

第十五章　累加的結果について，ならびに原因の継続的作用について（前書，393頁）

項1 累積的結果は，原因の単純な継続からどのようにして生ずるか（前書，393頁）

項2 累積的結果は，原因の累加（次々に加わること）からどのようにして生ずるか（前書，399頁）

項3 単一の究極的法則から生ずる誘導的法則（前書，402頁）

第十六章　経験的法則について（前書，406頁）

項1 経験的法則の定義（前書，406頁）

項2 誘導的法則はふつうには配置関係に依存する（前書，408頁）

項3 永続的原因の配置関係はどんな法則にも還元することはできない（前書，410頁）

項4 それ故に経験的法則は，現実の経験の制限を超えては，拠り所とすることができない（前書，411頁）

項5 一致法にのみ基づく一般化は，経験的法則としてのみ認めることができる（前書，413頁）

項6 観察された継起の斉一性を，分解することができるものであると推定しうるためのしるし（前書，415頁）

第十七章　偶然とその消去（前書，422頁）
項1 経験的法則の証明は，偶然の理論に依存している（前書，422頁）

項2 偶然の定義とその特徴とについて（前書，424頁）

項3 偶然の消去（前書，432頁）

「該当する原因を除去することなく，該当しない不定の多くの原因を除去する」やり方を「偶然の消去と名づける（前書，434頁）.」

項4 偶然を消去することによって剰余現象を発見すること（前書，435頁）

「もし事例の充分な数を集めれば，これらの種々異なる原因の結果は，相互に打ち消し合うであろう.」「これと反対に，実験の数を増して，それ以上増加が平均の結果を変じないまでに増したとき，平均は零ではなく，ある量であることを知る場合には——この量は全体の結果と比較すれば小であるがその上下に結果は動き，この量がこの上下の動きの中央店となるとき——我々はこの量をある恒常的原因の結果であると結論することができる.」「これは偶然の消去によって剰余現象を発見することと呼ぶことができよう（前書，436頁）.」

項5 偶然の理論（前書，437頁）

第十八章　偶然の計算について（前書，440頁）
項1 数学者の説く偶然の理論の根拠（前書，440頁）

項2 この理論は条理にかなっている（前書，444頁）

項3 この理論は実際においてどんな根拠に基づいているか（前書，446頁）

項4 偶然の理論は究極において因果関係のに依存している（前書，452頁）

項5 与えられた事象の原因に関する偶然の理論の定理（前書，457頁）

第十九章　誘導的法則を拡張して近接した諸例に及ぼすこと（前書，465頁）
項1 誘導的法則が因果関係を表わさないときは，ほとんどいつも配置関係に依存している（前書，465頁）

項2 誘導的法則を拡張して，実際の経験の原則を超えた諸例に及ぼしうるのは，どんな根拠に基づくときであるか（前書，465頁）

第二十章　類推について（前書，477頁）
項1 類推という言葉の種々の意味（前書，477頁）

「関係の類似が類推（前書，477頁）」

項2 類推的証明の性質（前書，479頁）
（中略）
「類推的推理の公式」とは
「2つの事物が1つ又はそれ以上の点で互いに似ている．ある命題が一方の事物について真である（前書，465頁）」ことである．
「類推を帰納から区別するものはなにもない．何となればこの型は経験に基づくすべての推理に当てはまるからである（前書，465頁）．」
「最も厳密な帰納においても僅かの類推だけによって，AとBとは1つまたは1つ以上の特性において類似しているから，それゆえに他の特性においても類

似していると結論する．相違は次の点にある．完全な帰納の例においては，事例を正しく比較することによって，前者の特性または諸特性と後者の特性との間に，不変の連合関係があることが，前以て示されている．ところが類推と呼ばれるものにあっては，このような連合が明らかにされていない．そこには差異法は勿論のこと，一致法さえも用いる機会がなかった．しかも480p我々は，Aについて真であると知しられているmという事実は，Bについても，Bと，属性mを所有するものとして知られている事物との間に，何らの類似をも発見できない場合よりは，Bがそのいくつかの特性においてAと一致する場合の方が（mとこれらの特性との間に何等かの連結関係が存在することが知られないにしても，）いっそう真であろうと，結論するのである．（そしてこれが類推による議論の達しうるすべてである）（前書，479-480頁）．」
（つまり，厳密に類似点を見いだして「似ている」とする帰納に対し，そうした帰納の内容と結果については知らなくとも，「似ているのはBだけだ．」ということで，類似していると結論づけるのである．）

「Bが属性mを所有するのは，確実性（確かで疑い得ないこと）であって，確率（事柄の起きる確からしさを，数量的に示したもの）ではない．BとAとの間に存在することを示すことができるすべての類似は，それだけこの確実性の点に接近させる（前書，481頁）．」

項3 類推の価値はどんな事情に基づくか（前書，485頁）

「類推から導かれた結論に価値があるのは，我々の推理する例が，近接例であるときに限られるように思われる（前書，486頁）．」（つまり，帰納で類似性が確定した例に近い現象が対象の時のみ，信頼性がある，というだけだ．）

「（類推は）もっと厳密な研究487pを遂行するための方向を示す道しるべとして，

類推を考えようとしているのである（前書，486-487 頁）.」

「相当数の事実を説明するに足る充分に明白な理由――を持った仮説は，これらの事実を適当な順序に整理 488p し，新しい事実を明るみに出し，将来の研究者のために決定的実験を行うことを可能にする．」（「将来の研究者のために」，ではなく「将来の研究者のための（前書，487-488 頁）」であろう．）

第二十一章　不変的因果関係の法則の証明（前書，489 頁）
項 1 因果関係の法則は本能に基づくのではない（前書，489 頁）

項 2 因果関係の法則は，単純枚挙による帰納に基づいている（前書，497 頁）

項 3 このような帰納が認められるのはどんな場合においてであるか（前書，500 頁）

項 4 因果関係の法則が不変的に妥当するの和，いかなる根拠によって許されるか（前書，505 頁）

第二十二章　因果関係から独立な共存の斉一性について（前書，515 頁）
項 1 継起の法則から生ずる共存の斉一性（前書，515 頁）

項 2 種類の特性は，共存の斉一性である（前書，515 頁）

項 3 種類の特性のいくつかは誘導されたもので，他のいくつかは究極的である（前書，520 頁）

項 4 共存に関しては普遍的の公理はない（前書，522 頁）

項5 共存の斉一性の証明は、どうして測るか（前書, 525頁）

項6 共存の斉一性が誘導されたものであるとき、その証明は経験的法則の証明である（前書, 526頁）

項7 共存の斉一性が究極的なものであるときも、同じである（前書, 529頁）

項8 法則が一般的であるのに比例して、証明は強力になる（前書, 530頁）

項9 区別されるすべての種類を検討しなければならない（前書, 532頁）

第二十三章　近似的一般化と確率的証明について（前書, 538頁）

項1 確率的推論と呼ばれる推論は、近似的一般化に基づく（前書, 538頁）

項2 近似的一般化は、生活よりも科学においてはずっと役に立たない（前書, 539頁）

項3 近似的一般化は、どういう場合に拠り所となるか（前書, 541頁）

項4 近似的一般化はどのようにして証明されるか（前書, 544頁）

項5 近似的一般化を用いるのには、どんな注意を守るべきか（前書, 548頁）

項6 確立を組合わせる2つの方法（前書, 550頁）

項7 近似的一般化を、これに等値でありながら、しかも正確な一般化に、かえるのにはどうしたらよいか（前書, 557頁）

第1章 既説の検討　55

　第二十四章　残りの自然法則について（前書, 561頁）
詐術, 数学代数雅楽
項1 単なる存在を主張する命題（前書, 561頁）

項2 科学の主題として考察される類似（前書, 564頁）

項3 数学の公理と定理とは, 類似性に関する主要な法則を包含している（前書, 568頁）

項4 次に, 数学の公理と定理とは, 場所における秩序の法則を含む. そうして数学の公理と定理とは単純枚挙による帰納に基づいている（前書, 570頁）

項5 算術の命題は, ある与えられた数の形成の仕方を述べる（前書, 572頁）

項6 代数学の命題は, 一般に, 数の形成の種々異なる仕方が等値であること述べる（前書, 579頁）

項7 幾何学の命題は, 外界自然の法則である（前書, 583頁）

項8 幾何学がほとんど完全に演繹的であることの理由（前書, 587頁）

項9 他の学における数学的真理のはたらきと, そのはたらき制限（前書, 589頁）

　第二十五章　不信の根拠について（前書, 593頁）
項1 ありそうでないこととありえないこと（前書, 593頁）

項2 ヒューム奇蹟の理論に対する検討（前書, 594頁）

項3 ありそうもないことの程度は，主張と矛盾する一般化の性質における相違に対応する（前書, 600頁）

項4 偶然がこれに反するからといって，事実は信じられぬことにはならない（前書, 607頁）

項5 符号はたの事実よりもいっそう信頼できないものであろうか（前書, 609頁）

項6 ラプラースの意見を検討する（前書, 615頁）

以上，第四巻

訳書第五巻
J・S・ミル著，大関將一，小林篤郎訳『論理学体系――論証と帰納――』
 V，春秋社，昭和34 (1959) 年，東京.

虚偽論（前書, 165頁）

要約
　ここでは，ドグマが生じる5つのケースにつき説明する．その内容は，それが意図的であろうとなかろうと「虚偽」として示されるケースについての視点である．
よって，ミルは「語意の確定化」についても触れていることとなる．
1．先天的虚偽：迷信など，反証不可能な提言（前書, 186, 190頁）．
2．観察の虚偽：事実を見落とすケース（235頁）（例えば，マルクスによる労働価

値説での商品のみに絞った考察は，意図的なものではある：筆者）
　3．一般化の虚偽：異なる事象を同一視する（前書，259頁），
　4．論証の虚偽：逆も又真と勘違いする．（前書，289頁），
　5．混同の虚偽：名辞の意味の曖昧さ（前書，299頁），
の5つである．

また，社会科学としての経済学は「富を獲得し消費することに専念」すること（人性）から，様々な行為が引き出される，と考え，論じていく，とし，人間の意志に基いて研究が進められる必要性を，明示している（J・S・ミル著，大関将一訳『論理学体系——論証と帰納——』Ⅳ，春秋社，昭和33（1958）年，東京，124頁）．ただ，ミルのこうした提言も現実には生かされなかったようで，再び論理実証主義として提示されることとなる．が，論理実証主義も社会科学に広く行き渡っているとは思われない．ましてや，人性，つまり人間心理を重視する姿勢などは，殆ど見ることはない．
以下，章，項とその要約を示す．

第一章　虚偽原因の合成について（前書，165頁）
項1 虚偽の理論は論理学にとって欠くことのできない部門である（前書，165頁）
項2 偶然的な過失は虚偽ではない（前書，168頁）
項3 誤った意見の道徳的源泉は，誤った意見の理知的源泉とどう関係するか（前書，169頁）

第二章　虚偽の分類（前書，169頁）
項1 虚偽の分類はどんな規準（行動のケースよって基準のはず）に基づかせたならばよいか（前書，175頁）

項2 虚偽の5つの部類（前書，176頁）
項3 虚偽をどの部類にぞくさせるかは，時によって任意に行われる（181頁）

第三章　単純視察の虚偽，または先天的虚偽（前書，186頁）
項1 この部類の虚偽の特性（前書，186頁）
先天的虚偽：迷信など，反証不可能な提言（前書，186頁）
命題ではなく言表を対象としてしまう（前書，186頁）
形而上学
項2 主観的法則を客観的法則と見誤る自然的偏見は，民衆の迷信にその例をみることができる（前書，188頁）
「迷信（前書，193頁）
項3 我々がいっしょに考える事物はいっしょに存在しなければならないとする自然的偏見と，考えることのできないものは偽であるとする自然的偏見（前書，194頁）
項4 客観的存在を抽象に由来させる自然的偏見（前書，204頁）
項5 充足理由の虚偽（前書，206頁）
項6 自然における相違は言語における区別に相応するとする自然的偏見（前書，211頁）
項7 1つの現象は1つ以上の原因を持つことができないとする偏見（前書，217頁）
項8 現象の条件は現象に似ていなければならないとする偏見（前書，222頁）

第四章　観察の虚偽（前書，234頁）
項1 無観察と不当観察（前書，234頁）
項2 事例の無観察と事情の無観察（前書，235頁）
項2 観察の虚偽
事例を見のがすことによるか，与えられた事例の事情のうちのあるものを見の

がすことによって生ずる．（前書，235頁）
「一般化の虚偽」「１不充分な証拠を，充分な証拠であるかのように扱う誤謬．２不充分そのものの欠点がある．」＝「よりよい証拠を持たない（前書，235頁）
「人類一般の注意から――最も多く見逃されるか」という観点から見たもの（前書，236頁）．
項３ 事例の無観察の虚偽に関するいくつかの例（前書，236頁）
項４ 事情の無観察の虚偽に関するいくつかの例（前書，244頁）
「浪費は産業（勤労）を増進し，節約は産業（勤労）お阻害する（前書，250頁）．」
「現象の一部だけを見て，その一部を全体と想像する虚偽（前書，250頁）」
項５ 不当観察の虚偽の特徴とその例解（前書，251頁）

第五章　一般化の虚偽（前書，256頁）
項１ この部類の虚偽の特徴（前書，256頁）
項２ ある種類の一般化はつねに根拠を欠くものでなければならない（前書，257頁）
「一般化を形成するための必要な条件を，実験が提供してくれない場合である（前書，257頁）．」
「自然の唯一の法則は，数と広がりに関する法則」と「第二は因果性そのものの不変的法則である（前書，258頁）．」
項３ 根本的に異なる現象を同一現象に分解する試み（前書，258頁）
単なる予想を，確定した考えと見なしてしまうこと（前書，259頁）．
項４ 経験的法則を因果の法則と誤る虚偽（前書，261頁）
「格率の普遍的公式」の「これまでそうでなかったものは，これからもそうではないであろう」を正しいとみなす．＝単なる経験（前書，262頁）
「単なる経験的法則」を「（証明された）因果関係」と錯覚すること（前書，264頁）．
項５ こののちに，だから，このゆえに，とすることの虚偽（前書，268頁）

「不当理由の虚偽，こののちに，だからこのゆえに，これを伴って，だからこのゆえに（だから，このゆえに，の２つかも知れない）」として，まったく関係のない事項を原因としてしまう（前書，268頁）．

項6 誤謬類推の虚偽（前書，271頁）

「誤謬類推（前書，275頁）」

項7 推理における隠喩の機能（前書，284頁）

「隠喩は論拠（論証）と考えるべきではなく，論拠が存在することを主張するもの（前書，284頁）」

項8 一般化の虚偽は不当分類からどのようにして生ずるか（前書，284頁）

第六章　論証の虚偽（前書，288頁）

項1 まえがき（前書，288頁）

「三段論法の形式で述べるときに」「虚偽を含んでいることを発見できると確信するから（前書，288-289頁）」

項2 命題の換位（ある命題から，その述語を主語にしその主語を述語とする命題を導く推理．特称否定命題は換位できない．）および対当関係における虚偽（前書，289頁）

「すべてのAはBである，ゆえにすべてのBはAである，とする推論は，最も普通の形式の誤謬である（前書，289頁）．」

「結論が偽であるならば前提は真でありえない」から「結論が真であるならば前提は偽でありえないと信ずる（前書，290頁）」人が，出てくる．

項3 三段論法の手続きにおける虚偽（前書，291頁）

「三段論法の規則は，結論の正しさを主張する場合に，弁護しなければならないものの全体を自覚せしめるための規則である（前書，291頁）．」

項4 前提を変える虚偽（前書，292頁）

三段論法で虚偽が生じるのは，「一連鎖をなす議論の１つの三段論法と他の三段論法との間にはいりこんでいて，前提を変えることによって起こる（前書，292頁）」

「前提を絶対的に真であると仮定（前書，294 頁）」することから，虚偽が生じる．

第七章　混同の虚偽（前書，299 頁）
項 1 名辞曖昧の虚偽（前書，299 頁）
「誤謬の起源が名辞のあいまい（一語多義）に由来するひじょうに多数の水利である（前書，299 頁）．」
特に，300 頁「媒辞があいまいであるときと，三段論法の名辞の 1 つが前提と結論とにおいて意味を異にするときとである（前書，300 頁）．」
誤謬の起源が名辞のあいまい（一語多義）に由来する例示
デカルトの神の存在を証明した事例（前書，306 頁）
「無限存在者の概念は，このような存在者のじっさいに存在することを証明する．何となればこのような存在者がじっさいに存在しないとしたならば，私がこの概念を作ったに違いないしかし私が作ることができるならば，私はまたそれを，こわすこともできる．ところがこれは明らかに真ではない．それ故に私自身の外部に，この概念が引き出されてきた原型がなければならない（前書，306 頁）．」
もんだいは，「あるときは私の意志が意味され，あるときは私の本性の法則が意味されている（前書，306 頁）．」と批判する．（「私」というより，「無限存在者において，概念の神と実在者としての神（同じことか）が混同されていることが，問題であろうと考えられる．）

アキレスと亀（前書，312-313 頁）
アキレスは亀の十倍の速さで走る
亀が先に出発し
千フイート（1 フイート＝30,4 センチメートル）離れた
この時，アキレスは亀を追い越せない
アキレスが走る間に，亀も進むから，追いつけない

「有限の空間を通過するのには，無限に分割できるが無限ではないところの時間を要するということである（前書，313頁）．」──この区別混同した（前書，235頁）」

項2 原理要求の虚偽（前書，318頁）

「命題を証明しようとして，逆にこの命題を使用すること（前書，319頁）．」

項3 論点無知の虚偽（前書，322頁）

「証明さるべき結論を取違えていること（前書，322頁）」

以上，第五巻

第六巻
J・S・ミル著，大関將一，小林篤郎訳『論理学体系──論証と帰納──』Ⅵ，春秋社，昭和34（1959）年，東京．

第一章　序説　1頁

> 要約
> 人間科学の遅れは自然科学の方法論に従っていないことによるものと考えられる．では，人間の科学に，それが適用できるのだろうか．ここで問題になるのは，人間行為が因果の法則に従っているか，否かということであり，従っていれば，適用可能であると考えられる．

項1 人倫科学のおくれは，自然科学の方法を適当（正確）に拡大して，これを適用することによってのみ改善することができる（前書，3頁）

（人倫科学，つまり人文科学は，遅れているから，自然科学の方法を適用すべきである．ただ，全く同じやり方ではない．）

「精神の法則」と「社会の法則」は「これらの法則が，言葉の厳密な意味における科学の主題になりうるかどうかについては，今なお論争の的となってい

る.」（前書，4-5頁）
「人倫科学（道徳面まで含めた人間行動）は存在するか，また存在しうるか，また人倫科学はどの程度まで完全の域に到達しうるか（前書，3頁）」
「人間の行動は，他のすべての自然的事象と同じく，不変的法則（ある定まった規則に従うこと）に従うものであろうか．継起的現象（ある原因によって，ある，結果としての現象が生じる）に関するすべての科学的理論の基礎である因果関係の恒常性は，人間の行動相互の間にも，じっさいに妥当するであろうか（前書，7-8頁）．」
という問題点を示し，
次の第二章で，人間の意志も，因果関係の法則に従っている，とする．
さらに，第三章で「「完全な科学と，極度に不完全な科学との間には，中間の性格を持った科学が考えられる（前書，25頁）．」「精密科学になることがその本性上できないというわけではなく，実際の誘導的斉一性を完全な精密さをもって確かめることが困難だからである（前書，28頁）．」として，不精密な科学として成立する，としているのである．
項2 この著書においてはこのことはどの程度まで企図しうるか（前書，6頁）

第二章　自由と必然について（前書，9頁）

> 要約
> 人間の行動も因果の法則に従っている．

項1 人間の行動は因果の法則に従っているか（前書，9頁）
人間の行動は因果の法則に従っているか（前書，9頁）
→ミルは，従っている，とする．
（しかし，一程度は，人間の意志もある原因により影響されるから，その意味で「因果の法則に従う」とはいえる．しかし，そこから導かれる「結果」は，個々人の意志がバラバラだか

ら，それに従って一定の範囲に収まるとはいえ，バラバラである．つまり，自然現象のように1つの結論のみが現れる事はない．この意味では，実は「人間の行動は因果の法則には従わない」のが正解である．よって，これを踏まえて文化科学を科学的に研究すべきものなのである．＝つまり，「心理面を加味した研究」である．これが，文化科学での結論であろう）．
「因果の法則は人間の行動に対しても他の現象に対するのと同様な厳密な意味で，適用されるかという問題は，意志の自由に関する有名な論争である．」「この論争は」「哲学と宗教との世界を二大陣営に分けた．」「これを肯定する意見はふつうに必然論と呼ばれ，人間の意欲と行動とを必然的でかつ不可避的だと主張する．否定する側の意見は，意志は他の現象のように，前件によって決定されず，自己自らを決定すると主張する（前書，9頁）．」
肯定，（因果の法則に従う）哲学側，必然論，人間の意欲と行動は，必然的でかつ不可避的だと主張する．「前者を私は真であると考えている（前書，9頁）」ミルの立場
否定，（因果の法則に従わない）宗教側，自由論，人間の意欲と行動は，前件によって決定されず，自己自らを決定する．
項2 哲学的必然性とふつうに呼ばれている理論はどんな意味で真であるか（前書，9頁）
「哲学的必然性」という言葉が意味するのは，「個人の精神に現れる動機がわかると，また，同じように，個人の性格と性向とがわかると，その個人の行動するその仕方は誤ることがなく推論される．」「その人物に働きかけるすべての誘因を知ってしまえば，われわれはその人物の行為を，自然の事象を予想できるのと同一の確実性もって予言できるだろう（前書，10-11頁）．」とする．
項3 必然という言葉が不適当なことと，その有害な結果（前書，15頁）
「必然のような極端に不適当な用語を用いるのを止めれば，この誤謬は防止できるのではないかと私は思う（前書，15頁）．」
「必然とは言われない他の自然的継起現象がある．例えば，毒による死のような現象である．これは解毒剤や，胃液排出ポンプの使用によって阻止すること

ができる．人間の行動がこの後者の範疇に属する（前書，16頁）」とする．つまり，人間の行動は，ある原因で生じたとしても，意図的に修正できるのである．
項4 動機は快楽または苦痛をいつも予想するとは鍵らない（前書，21頁）
「我々の意欲は動機を原因とし，動機はわれわれに示される望ましい対象と，欲求に対するわれわれの特殊の感受性とを原因とすると説く理論は，ここに述べた是正と説明（原因による行動でも，修正はできる）とを加えるならば，本書の目的のためには充分に確証されたものと考えることができる（前書，23頁）．」

第三章　人性（じんせい）に関する科学があること，またはありうること（前書，24頁）

> **要約**
> 人性（人間性，人間の本性）の科学は，人間の思考，感情，行動であるから，自然科学のような精密な科学たり得ないが，ほとんど真である一般命題を設定することができる．（やや精密な科学たりうる）

項1 精密科学ではない科学がありうること（前書，24頁）
さらにミルは
「完全な科学と，極度に不完全な科学の間には，中間の性格を持った科学が考えられる（前書，27頁）として，「精密ではない科学（前書，27頁)」という表現を示している．
この点，筆者は社会を対象とした分析では自然科学と同質の法則は存在し得ないという認識に立っている．なぜなら，社会現象はあくまで人間という自然がもたらしたものであり，自然が直接に示した現象ではない．あくまで人間の多数の行為の集積の束が現象として見えているに過ぎない．すべての人間が同じ行為をしているわけでもない．と言うことは，人間の意識に変化が生じれば，やがて今存在する現象は変化してしまわざるをえないのである．つまり，現在

の法則はやがて消えてしまい次には別の新しい法則が成り立つこととなる，ということである．よって，社会の法則は常に変化する，という性質を持っていることとなる．ただ，人間の基礎的性質に基づく法則は，なかなか変質しないであろう．一方，自然科学の法則は，前提条件が変わらない限り，不変である．したがって，「科学」という意味内容の定義が，こうした議論では重要となる．以上から，社会現象を対象とした推敲は，自然現象を対象とした推敲とは全く異なるものである，ということが言えるであろう．

項2 人性の科学はどんな方の科学にぞくするか（前書，28頁）．
「人性（人間性，人間の本性）の科学は」「人間の思考，感情，行動であるから，もしわれわれが一人の個人が一生を通じて，どのように思考し感じ行動するかを」「天文学」のように「可能となるならば，この科学はその理想の域に到達したことであろう（前書，28-29頁）．」しかし「われわれはこれらの個人が置かれている周囲の事情（環境）の全部を予見できないという理由からだけでも，個人の行動を科学的正確さをもって予見することはできないであろう（前書，29頁）．」しかし「各人の思考，感情，行動の仕方が原因に依存（前書，29頁）」することから，「充分な確実性をもって多くの場合に予知することはできる．」「作動因は，多数でかつ種々雑多であるから，（中略）いかなる二例においても，これらの作動因が精密に同様であるということはない（前書，29-30頁）．」（原因が，個々人で異なる．よって，自然科学のような，精密であることはない．というより，百人が百人とも似た行為をしなくとも，社会現象として現れるのである．また，個人のケースと，人間としての普遍的なケースとは，区別する必要あり．普遍的なものは，同質性が個々人のケースより高いはず．）
よって，「ほとんどいつも検証することの可能な予知を企て，ほとんどいつも真である一般命題を設定することできるのは明瞭であるから（前書，30頁）」「人性の科学」は「大部分，単に近似的に真であるにすぎない（前書，31頁）．」

第四章　精神の法則について（前書，32頁）

> **要約**
> 心理学という科学は存在する，とする．

項1 精神の法則の意味（前書，32頁）
精神：心理学は精神哲学＝精神科学
　　　生理学，医学：＝自然科学
「精神の法則とは，精神現象の法則である（前書，32頁）．」
「意識の状態の法則（前書，32頁）」である．
「意識の状態は，」「思考，情緒，意欲及び感覚から成立している（前書，32頁）．」従来の
「精神の現象はわれわれの本性にそなわる種々の感情（広義）であって，」「これらの感情が相互に生起し合うときにしたがっている法則は，精神の法則である（前書，33頁）．」

項2 心理学という科学はあるか（前書，33頁）
「精神のある状態が精神のある状態によって生起せしめられるとき，その場合に関係のある法則を，私は精神の法則と呼ぶ．精神のある状態が身体ある状態によって，直接に生起せしめられるとき，法則は身体の法則であって，自然科学にぞくする．」
「感覚と，これらが近接的に依存している自然的条件――にかんする法則は生理学（自然科学）の領域にぞくすることは明白である（前書，33-34頁）．」
「精神の科学は生理学の単なる一分野にすぎない（前書，33頁）」という意見もあるが，
ミルは「「はっきりと区別された1つの独立な，精神の科学が存在する（前書，36頁）．」とする．
「精神現象の継起を変化し又は抑止するのに，生理的状態や生理的変化がどん

な影響を与えるかを研究することが，心理学研究の最も重要な分野の1つである（前書，36頁）」

項3 心理学の主要な研究の特性について（前書，37頁）

「心理学の主題は継起の斉一性である（前書，37頁）．」

究極的法則

誘導的法則

「これらの法則によれば1つの精神状態が他の精神状態に継起する．言いかえると1つの精神状態は他の精神状態によって生起せしめられるか，または少なくとも他の精神状態に随伴せしめられる（前書，37頁）．」

「一般的な法則の二三の例（前書，37頁）」

「第一，意識のある状態が一度われわれの精神の内に起こったときには」「これと劣った程度の同一の意識状態」を「再現されることができる（前書，37-38頁）．」（精神状態は記憶されているものである．）

「第二，これらの観念，即ち第二次的な心的状態は，連想（観念連合）の法則と呼ばれる法則に従ってわれわれの印象または他の観念によってひき起こされる（前書，38頁）．」（つまり，記憶している印象や観念によって生じる）連想の法則には3つあり「その第一法則は，類似の観念」であり「相互にひき起しあう傾向がある．」「第二法則は，2つの印象が頻繁に同時に，または直接に継起して」「この印象の中の一方，またはその一方の印象の観念が再起する毎に，他方の印象の観念を引き起こす傾向があるということである（前書，38-39頁）．」（関連的に影響し合う）

「第三法則は，印象が相互にひき起こし合うとき」「両印象の連合の頻度が大きければ大きいほど大きいということである（前書，39頁）．」

「単純観念は複合観念を合成すると言うより，むしろ発生すると言うのが適当である（前書，41頁）．」

ミルは，心理学者が求めるものを推測して「直接な意識によってどんな信念をわれわれはいだくか，また1つの信念が他の信念生ずるのにどんな法則による

か，（前書，43頁）」などである，としている．（しかしこれらは，むしろ生理学の範疇にぞくする課題ではないかと考えられる．）

項4 精神的事実と自然的条件との関係（前書，45頁）
「精神の一状態が他の状態から生起するとき，どの程度まで身体のそれに該当する状態によって影響をこうむるかを検討することは（中略）必要でもある（前書，45頁）．」

「第十八世紀の哲学に対する最近の世代，現代の貞井の反動の結果，」「人性について思考を加えている人々の大多数は，」「精神的相違は，究極的事実であって，説明も変更もできない」とし，「それの大部分を生じた外的要因（中略）に帰着させる労を取らないのである．形而上学的思弁を事とするドイツ学派は，今日でもなお欧州思想界にその優勢を誇っているが，他の数多くの有害な影響とともに，ここでもまた同様な有害な影響を及ぼしている（前書，48頁）．」と，観念論に対する注意を喚起しているのである．

「教育と外的環境における相違」では説明できない「精神的事実」がある．それは「動物の種々の本能と，人間の本性の中でこれらの本能に対応する部分（前書，49頁）」である．（これは現在では「遺伝子」に寄っているとされていると考えられる．）

第五章　性格学，性格形成の科学について（前書，49頁）（人性と性格はどう違うのか）

> 要約
> 性格学：個人的，人性学：一般的

項1 人性にかんする経験的法則（前書，51頁）
「われわれが人生の観察によって後天的に集めた日常衆知の原則は，（中略）経験的法則という名称によって呼んだものに当たる（前書，51頁）．」

「嘘をつくのは人間の本性の法則ではない．ただしある外的な事情，特に，習慣的な不信と恐怖とを生ずる事情が普遍的に存在するときには，嘘はほとんど普遍的であるということは，人性にかんする法則から導かれた帰結の１つである（前書，52頁）．」

「青年が向こう見ず」で「老人が用心深いのはその年令のためではな」く「経験的法則（前書，53頁）」つまり，経験が豊富か否かのためである．

項２ 人性の経験的法則は単なる近似的一般化である．普遍的法則は性格形成の法則である（前書，54頁）前「人倫的＝精神的（前書，52頁）」

「人間は１つの普遍的な性格をもってはいないが，性格の形成にかんする普遍的な法則は，存在する（前書，58）．」（人間は普遍的な性格を持っている．それは，共通に有する遺伝子によるものであろう）

項３ 性格形成の法則は観察や実験によって，確かめることができない（前書，58頁）

「自然の法則を確かめるには方法が２つだけある．演繹によるのと，実験によるのとである（前書，59頁）．」

「性格形成の法則は，実験的方法によって，充分満足に研究され」ることはない．」それは，「実験を科学的正確さによって遂行する力が欠けているからである（前書，59頁）．」

項４ 性格形成の法則は，演繹的に研究しなければならない（前書，65頁）

「個人的特質についての研究は，演繹的である（前書，65頁）．」

「性格形成の法則は」「先ず（中略）」「実験を」「単純な事実に試み」「次に複雑な現象を生じているとき，この原因の法則先ずもって確かめてから」「近似的一般化について，」「考察する」ことで行う，とする．そして「ここに１つの科学が形成される（前書，65頁）．」とする．これが「性格学」である．

「心理学」は「精神の根本的な法則の科学」であり，「性格学」は「一般的（根本的か）法則に準拠して形成される性格」が「自然的と人倫的との両面の事情によって決定する（前書，66頁）」とする．

「性格学は，再広義における教育の作用に応ずる科学である（前書，66頁）．」
「性格学という科学は，人性についての精密な科学と呼」べる．何故なら「近似的一般化ではなく，真実の法則だからである（前書，67頁）．」（この点，ロシアは，ここを利用してロシア国民の全体の性格規定を実行したのではと，推測される．今日のロシアの人々の歪さから，そのように推論されるのである．
項5 性格学の原理は，精神科学の中間公理である（前書，68頁）．
項6 性格学の特徴（前書，73頁）
「性格学はこれからつくられねばならない（前書，73頁）．」
あくまで，個性の形成過程の言及．個性の内実ではない．
「性格学の大きな問題は，心理学の一般法則から，必要な中間原理を演繹することである（前書，74頁）．」そこから，必要な事実（性格），避けなければならない事実（性格），単に理解されるべき事実（性格）の起源と由来を知ること，とする．（よって，あくまで人間心理がいかに形成されるか，という視点であり，心理が人間行為に如何に作用するか，についての論ではない．）
「先天的推理＝帰納と演繹による，仮説と，予測のことらしい（前書，75頁）．」と（殊的経験＝すでに経験した，つまり実現した事実のことらしい）．

第六章　社会科学についての一般的考察（前書，76頁）

> **要約**
> 個々の人間の科学の次に，社会における人間の科学を論じなければならない．人類の集合体（集団）の行動と，社会生活を形成する種々の現象とに関する科学である．

項1 社会現象は科学の主題であるか（前書，76頁）
「政治学の」「研究は」「思弁的研究の一分として追及されていたのではなく，日常生活の便宜に答えるために研究されていたのである（前書，77頁．」

「これこれの法令，またはこれこれの等値形式は，普遍的に，あるいは，ある特定の社会にとっても，有益であるか，それとも反対であるかというのであった（前書，77頁）.」

政治学の学徒たちは，」「社会組織の病理と治療法を研究するのに没頭していた.」

「普遍的継起現象を確かめることを企てないで普遍的な実践規則を作るのに，努力していた.」よって，「精密かつ確実な一般命題が，そこにはほとんど確立されなかった（前書，78頁）.」とする.

「社会の現象は既知の原因に完全に依存しているばかりではなく，これらすべての原因の作用の仕方は，きわめて単純な法則に還元できるものであろう（前書，79頁）.」

「複雑な主題において，普遍的適用される実践的原則を設定することは不可能であるけれども，だからと言って，現象が普遍的法則に準拠しないということにはならない（前書，79頁）.」

項2 社会科学とはどんな性質のものでなければならないか（前書，79頁）

「社会のすべての現象は，人性（一般的）にかんする現象であ（る）.」

「人間の思考，感情，行動の現象が確定した法則に従うならば，社会の現象は，この法則の帰結である同じく確定した法則に従わないわけにはいかない（前書，80頁）.」ただし「天体現象を予言できるように，数千年先の社会の歴史を予言できることを望むことはできない（前書，80頁）.」

「天文学においては，結果に及ぼす原因は僅少で，その原因による変化は少ない．しかもその少ない変化も既知の法則によっている．われわれはこれらの原因が現在どんなものであるかを確かめることができる．そしてそこから，遠い将来のある時期に，これらの原因が現在どんなものであるかを確かめることができる．そしてそこから，遠い将来のある時期に，これらの原因がどんなになるかを決定することができる．それゆえに天文学においては，資料は法則そのものと同様に確実である．これに反して，社会の条件と進歩とに影響を与える

事情は無数にあって，たえず変化している．そうしてこれらの事情はすべて，原因にしたがって，それゆえにまた法則にしたがって変化しているけれども（ここ，おかしい．影響を受ける，という意味では，法則に従っている．つまり，原因があって，結果が生じる，が，その内実は，一定の方向性持つものではなく，その時々で，進歩したり劣化するものである．），原因の数が多いために，われわれの限られた計算能力では始末に負えないのである．このような性質を持った事実に，精密な数量を適用することは不可能であるので，これらの事実を前以て計算する可能性には，越え難い限界が与えられているのは当然である（前書，80頁）．」

「社会事象のある与えられた状態において（中略）そういう状態に達したのはどんな原因に寄ったか，またそういう状態は変化する傾向があるか，あるとすればどんな変化をするものか，その現在の状態の様相が松籟にどんな結集を生ずるか，またどんな手段によってこれらの結果が阻止され変更され促進されるか，あるいは，異なった種類の結果がこれに追加されるかを，われわれが社会科学によって理解できるときには，社会科学は極めて高い完全の域に達していたことであろう（前書，81頁）．」

「充分に役に立つ一般法則を」「ねらう（前書，81頁）」のが社会科学である，とする．

ただ，「化学的方法」「抽象的」つまり「幾何学的方法（前書，82頁）」は，誤った方法である．

第七章　社会科学における，化学的すなわち実験的方法（前書，83頁）

> 要約
> 社会現象推敲で，「科学的」とならないやり方のこと．

項1 政治学の理論を特殊な経験から演繹する思考方法の特徴（前書，83頁）

「人間」の「能動と受動とは個々人の人性の法則に服している．」「社会におけ

る人間は，個人の本性の法則から導かれ，またはそれに分解できる.」「社会の現象においては，原因の合成が普遍的な法則である（前書, 83 頁).」
「社会の現象にかんする化学的と呼ばれる哲学思索の方法はこの事実「能動と受動とは個々人の人性の法則に服している.」「社会における人間は，個人の本性の法則から導かれ，またはそれに分解できる.」「社会の現象においては，原因の合成が普遍的な法則である.」「を見落としている（前書, 83 頁).」

項2 社会科学においては実験は不可能である（前書, 86 頁）
項3 差異法は適用できない（前書, 88 頁）
項4 一致法と共変法とを用いても決定的ではない（前書, 94 頁）
項5 剰余法もまた決定的ではなく，演繹法を前提とする（前書, 94 頁）

第八章　幾何学的方法，すなわち抽象的方法について

要約
　社会現象推敲で，「科学的」とならないやり方のこと．

項1 この思考方法の特徴（前書, 98 頁）
項2 幾何学的方法の例（前書, 101 頁）
項3 ベンサム学派利害哲学（前書, 103 頁）

第九章　物理学的方法，すなわち具体的演繹法（通常の演繹法）について（前書, 112 頁）

要約
　社会科学は1つの演繹的科学であるが，幾何学の型によるのではなく，もっと複雑な自然科学，物的諸科学の型による演繹的科学である．社会科学は，各結果の法則を，この結果が依存する因果関係の法則から推論する．ただし，相連合してその結果に影響を与えるあらゆる原因を考察し，その原因の法則を相互に合成

することによって，推測するのである．短く言うと，その方法は具体的な演繹方法である．天文学がこの方法の最も完全な例を与え，自然哲学，自然科学が完全さにおいて幾分劣った例を与えている．

項1 直接的演繹法と逆の演繹法

「社会科学は（中略），1つの演繹的科学であるが，幾何学の型によるのではなく（前書，113頁）もっと複雑な自然科学（物的諸科学）の型による演繹的科学である．社会科学は，各結果の法則を，この結果が依存する因果関係の法則から推論する．しかし幾何学的方法におけるように，単に一原因の法則から推論するのではなく，相連合してその結果に影響を与えるあらゆる原因を考察し，その原因の法則を相互に合成することによって，推論するのである．短く言うと具体的な演繹的方法であるである．天文学がこの方法のもっとも完全な例を与え（天文学では実験による実証はできないから，幾つかの関連する事象を挙げて，その実証から事実と推測するという方法をとる．），自然哲学〔自然科学〕が完全さにおいて幾分劣った例を与えている．（中略）「社会における人間の行動と感情とが，心理；学の法則と，性格学の法則によって，完全に支配されていることは疑いえない（前書，112-113頁）．」としているから，社会現象が人間心理に基づくものであることには触れていたことが分かる．

そして，「人間の行動と感情との法則が充分に知られていると仮定すれば，原因が与えられた場合，それから生じる傾向をもった社会的結果の本性を，これらの法則によって決定するのには，特別な困難はない．しかし，問題が，多くの傾向を合成すること，多くの共存する原因の集合的結果を計算することであるときには，そしてまた，特に，当面の場合に，何が現実に起るかを予言しようと企画して，この場合に存在するあらゆる原因の影響を評価して，合成しなければならない責めを引き受けているときには，われわれは人間の能力の範囲を越えた仕事をすすめようと企画しているわけである（つまり，マルクスのよ

うな未来の人間社会の姿を予言（予想ではない．予言であるから「必ずそうなるという，断定した内実」である）は，人間には出来ない，と喝破していることとなる）（前書，114 頁）．」ここでミルは，具体的（一般的）演繹的科学で信頼性に欠ける部分があったが，検証段階で「先天的（先行的）推理の結果と後天的な観察の結果の合致（前書，115 頁）」があれば信頼性が生じる，とみなしている．

ただミルは「時には実際に逆になる（前書，115 頁）．」として「結論を推理によって演繹し，その結論を観察によって検証する代わりに，われわれはある場合には結論を暫定的に特殊な経験から獲得することから始めて，次いで後からこれを先天的推理によって人性の原理と結合するのである．したがってこの先天的推理が真の検証となる（前書，115-116 頁）．」とする．（つまり，提示した仮説や予測につき先に現実での実在を確認する．よって先に提言の正当性を実証することとなる．なお，逆の演繹法にはさらに先に心理面を加味しないで予測を導きだし，先に実証し＝現実に存在することを確かめる＝，その上で，その予測＝法則は如何なる心情を反映したものか，という心理面の内実を推測していく．という内容も存すると思われる．）（前書，115 頁）．」そして「コント氏は，この逆順序を，社会学（社会科学）の思索の本性にはなれがたく内属しているものと考えている（よって，心理面を考慮せずに導出した予測は，その評価や判断は必ず心理面を考慮してしなければならないこととなる．この手続きを誤ったのがマルクスである．結果，現実の事象が持つ意味合いを誤って解釈してしまい，その誤りから「剰余価値」という架空の概念を引き出してしまったのである）（前書，116 頁）．」としている．「氏は社会科学を主として歴史からの一般化によって成立つものと見なし，その一般化は人性の法則からの演繹によって検証されるものであって，最初にそのような演繹法によって示唆されるわけではないと考えている（前書，116 頁）．」

「社会（科）学は積極的な予知の科学ではなく，傾向のみにかんする科学である（前書，117 頁）．」

ここで，伊達功氏の「J・S・ミルの逆の演繹」についての理解をみておこう．

(伊達功『社会科学の歴史と方法』ミネルヴァ書房,1973年,京都)
「(4)歴史的方法」——逆演繹的——この方法を段階別に区分すると次のようになる.
① ある現象にかかわる法則をまず経験則として建てる操作.——帰納の過程
② この法則がどんなもろもろの原因の諸法則にもとづくかを分析する操作.
　　——これも下→上の推理すなわち帰納的過程である.
③ 帰納的検証の操作
すなわち,具体的演繹法と逆演繹法とでは①と②との順序が逆で,しかもいずれも帰納的である.そこで逆の演繹法という名前がつけられている(伊達功氏,218頁).」とされている.

ここで,ミルの「演繹法」とは,帰納,演繹,実証という三段階が揃って,初めて成立する,としているから,(各々の過程は,論理実証主義に当てはめれば,仮説,予測,実証の段階と同じと考えられる.)ミルに従えば,①の段階は「演繹」の過程であり,帰納の段階ではないのではないかと,思われる.
以上である.

項2 社会科学における直接的演繹法のもつ難点
項3 社会学的研究の種々の分科はどの範囲まで,別々に研究することができるか.経済学の特徴(前書,121頁)
次いでミルは,原因が複数あれば,原因ごとに分析せよ(前書,122頁)としつつ,人間の基本的性格「大きな利得は小さい利得よりも好まれる」という性質は,「労働の嫌悪や,高価な贅沢を享楽しようとする欲望を除いて,他の一切の情念や動機を全く無視するのである(前書,123-124頁).」として,経済学を例にとり検討する.

経済学
「社会状態の減少の中で,富の追求の結果として生ずる現象だけを扱っている

(前書, 123頁).」

「経済学は, 人間とはもっぱら富を獲得し消費することに専念している存在者であると考え, そうして, もしこの動機が, 上述した2つの不断に反対作用を及ぼす動機（労働の嫌悪と高価な贅沢を享楽しようとする欲望）によって阻止される程度を別として, 人間のあらゆる行動の絶対的支配者であると家庭するとき, 社会状態をなして住んでいる人間を駆り立てる行動過程はどんなものであるかを示すことを目的としている（前書, 124頁）.」

人間の基本的性格「大きな利得は小さい利得よりも好まれる（前書, 125頁）.」
にしたがって, 人間は行動する.
→「法則もこれにしたがう.」
「この結果の法則は, この結果を決定するあらゆる原因の法則から合成されている（前書, 125頁）.」
「1つの結果が多くの原因の共働作用に依存するとき」「原因を一時に1つずつ研究し,」「その法則を1つずつ別々に研究しなければならない」→「この各々がそれぞれ別々に人間に作用する時, 人間はどのように行動するかを知らなければならない（前書, 125頁）」（バラバラにみて, 後で合成する.）
→「全ての人間行為は, 富の欲望に基づく（前書, 125頁）（そんなことはない.「性的欲望は, 本能であり, 種の存続に対する欲望である.)」
「経済学が問題とするのはこれら（＝人間行為の中, 富がその主要な目的）である（前書, 125-126頁）」しかも「あたかも唯一の目的であるかのように扱っている」
「この欲望が他の感情や動機から阻止されないとき, この欲望によって生ずる行動はどんなものであるかを研究す（前書, 126頁）.」
「富の追及を目指す人間の行動が, 最少の労力と最少の自己否定とによって, 最大量の富を獲得しようとする欲望　　以外の, われわれの本性の多の特性から, 並行的な影響をうけていることが知られている限り, または仮定されている限り, 経済学の結論は, 他の原因による影響の程度を正しく考慮に加えることによって変更を加えるまでは, 現実の事象の説明や予言に適用することはで

きないであろう（前書，126頁）．（人間行為の実際は，欲望いがいの本性の影響まで含めて総合的に勘案すべきである）」

よって，「要素の多くが同一でない他の状態に適用すること」は誤りだが「論証を逆にさかのぼって，新しい前提をその適当な場所に導きいれること（前前書，127頁）」は許される，とする．

「3つの階級，労働者，資本家，地主」の「労働，資本，土地（前書，127頁）」に対する対価（賃金，利潤，地代）という前提は，奴隷国家では当てはまらない．なぜなら，資本家と地主は，分離していないからである．

3つの階級に対する分配の法則，への評価．

以上，経済学

項4 国民性格学，すなわち国民性格の科学（前書，129頁）

国民性格学という科学（前書，130頁）

「一国民または一時代にぞくする正確の型を決定する原因の理論（前書，130頁）」である．（たしかに，領土が広い土地の一部にある場合，隣接地から他民族によって侵略される頻度が多くなる．よって，互いが軍事力を高め守備を固める．ついで，相手国を支配下に置くことをめざす．そうすれば侵略されることはなくなるからである．結果，常に他国に侵略するような国家となる．侵略することが自国の安泰に繋がるからである．そのためには，自国民を「侵略は必要だ」という考えを常に持つように仕向ける必要がある．よって，それは学校教育で行うこととなる．今のロシアがその典型である．中共も北朝鮮も，ロシアを模倣しているようであり，洗脳教育を施している．）（結果，これらの国は「権威主義国家」となり，民主主義国家とは金輪際なり得ない．他からの援助が必要である．）

しかし「幼稚な段階にある（前書，130頁）」とする．

「性格学的考察によって影響される仕方にかんする理論（前書，131頁）」が最も不完全である，とする．

「金銭上の儲け以上に，自分らの安楽とか虚栄とかを考えることがあるとは思っていない（前書，131頁）．」

「自分らの安楽とか虚栄」が「金儲けの欲望を凌ぐことがしばしばある（前書，131頁）」ともする．
（金儲けも，安楽のために求めているだけ）
「統治形体の傾向にかんするあらゆる問題は，社会の一般的な科学にぞくすべきでではない（前書，132頁）．」（よって，ミルはすでに社会現象の性質によって，それを「全体的」に研究すべきか「単独」にすべきかという区分を設けている．
人間の基礎的な本性に関わる，国民性格や統治形体は，全体として様々な影響を考慮しつつ研究せよ，としているが，枝葉の真理による行為は単独で，としているようである．
項5 社会科学の経験的法則（前書，133頁）
一般命題を発見すること：それは真が偽か
「この命題は現象の経験的法則と呼ばれる（前書，133頁）．」
「歴史または統計において経験的法則があるかどうかを研究しなければならない．（前書，133-134頁）」
「科学の手続きは結果をその原因から推測することである（前書，134頁）．」
「直接の観察からこのような経験的法則を（これは近似的な一般化以上のものではないが），集計することは，社会（科）学研究手続きの重要な部分である（前書，134頁）．」
「実験的手続は，」「演繹的科学に対する必要な資料を獲得するための手段（利用しうる唯一の，あるいは最善のものとなることがある）と考えられるべきである（前書，135頁）．」（結果から原因を推測する，とする．）
「これらの直接の原因は遠い原因に依存している．」そして，これらは「観察されない例にも適用できるものとして，頼ることができる（前書，135頁）．」
こうした推論のかていでは，常に「演繹的科学が絶えず拠り所とされ（前書，135頁）」る，として，ツールとしての演繹法の重要性が述べられる．
「歴史に基づくことのできるあらゆる一般化（前書，135頁）」においても，

「社会及び文明の状態を形成する偉大な事実にかんして，その継起及び共存の法則を研究する社会の一般科学，このような一般化を作って，——その後にこれをそれが実際に基いている心理学的ないし性格学的法則と結びつけることによって確認するのである．——進むより他に方法がないことは，まもなく明瞭となるであろう（前書，135-136頁）．」（よって，一応の研究結果を出した後で，心理面と紐づけよ，としているようだ．また，性格学的法則とは，人間心理の基礎的，本性心理のことらしい．ではなく，個人の資質の学である．）

項6 社会科学の検証（前書，136頁）

「特殊な経験は経験的法則に匹敵するものを供給しない（前書，133頁）．」
「影響を及ぼす種々の事情の組み合わせをすべて網羅して，その公平な平均を作るのに必要なだけの事例の数を集めることは容易ではない（前書，137頁）．」
よって，解決策は「結論を個々の実験または事例と比較することである（前書，137頁）．」
しかしこれは難しいとする．なぜなら「社会現象においては2つの例の事情が厳密に同様であることはないからである．」よって，対象とする現在の事象を過去の似た事象とで代替することは，できない，とする．しかし，もともと社会現象は自然科学での事象に比し定まったものではないから，ポイントさえ一致すれば十分代替可能と思われる．
「間接の検証（前書，137頁）」による実証．
「他の個別的な諸例において同一の法則から導かれることのできる他の結論の検証によって，間接に検証される（前書，138頁）．」（例えば，プリペイドカードの存在は，交換機能を制限した貨幣と似通っている）
「ある特殊な原因の影響にかんするわれわれの理論が，与えられた事情の状態において，完全に信頼できるようになるためには，先ずもってわれわれは社会現象の中で，その原因が影響を与える傾向を持っている部分の現在の状態を説明することができなければならない（前書，138頁）．」（現実に「確かに原因である」と説明できることがまず必要．）

また138頁で，ある国の経済に関わる問題を予想したり処理したりするためには，その国の現在の通商的，産業的事実のすべてを説明出来ねばならない，とする．「すなわちこれらの事情のすべてを説明するのに充分な原因を指摘し，これらの原因が実際に存在したことを証明し，もしくはそう想定してもよいだけの根拠を示さなければならない（前書，138頁）．」よって，相当幅広い分野にわたって研究を進める必要がある，ということである．

139頁で，同じことが，政治的制度にも言える，とする．ある政治的制度がもたらす結果については，「（ある国の）国民の特殊な性格と傾向と，及び社会的安寧を形成する種々の要素にかんしての国民の状態」などが示さなければならない（前書，139頁）．」

もし説明することが出来ないところがあれば，「説明されていない現象をわれわれの現在の理論の原理に基づいて解明するところの事情を見つけるか，あるいは，（中略）理論そのものを拡張し改良することによって説明を新しくしなければならない．（仮説と予測の修正）（前書，139頁）」

第十章 逆の演繹法，すなわち歴史的方法 （前書，140頁）

> 要約
>
> 　逆の演繹法
> 先に現実の「事例」をみいだしておいて，それによって，予測を実証する．
> （なお筆者は，心理面を考慮しないで先ず予測を出し，後で，心理面を考慮して予測の本当の意味を解釈するという手順も，加えたい．）

項1 社会の一般的科学と，特殊的な社会学的研究との区別 （前書，140頁）
逆の演繹法，すなわち歴史的方法 （前書，140頁）
「社会（科）学の研究には2つの種類がある．」「第一の種類においては，提出される問題は，社会事情（環境）のある一般的条件が前提された場合に，与え

られる原因からどんな結果が」生ずるかということ」「第二」が「一般的な事情そのものを決定する法則は何であるか」である．（第二は，法則と言うより「原因，あるいは人間の心情の内容と，その作用の仕方（前書，140頁）」であろう．）
そして，「一般に社会の状態を生じる原因は何であるか」「これを特徴づける現象は何であるか」が，問題の核心であるとする（以上，（前書，140頁））
これに対する解答を与えるのが，「一般的科学（前書，141頁）」であるとされ，これにより，「他の科学の結論が制限され（前書，141頁）」るとする（つまり，常に「対象とする社会現象の生じている社会の「一般的状況」をまず確認する必要がある）．
項2 社会の状態とはどういう意味か（前書，141頁）
なお，ミルは「社会の状態」とは
「すべての大きな社会的事実または社会的現象の同時的な状態である（前書，141頁）」として，
「共同社会の全体およびその階級に存在する，知識の程度，ないし精神的および道徳的教養の程度，産業の状態と，富とその分配の状態，共同社会の慣習的な職業と，その各階級における分業，階級相互のいろいろな関係，共同社会の人々が人類にとって最も重要な主題のすべてについて抱いている共通の信念と，これらの信念を抱くときの確信の度合，かれらの趣味，性格，その美的進歩の程度，統治の形体，重要な法律や慣習等である．これらのすべてのものの状況と，さらに，やがて示唆されるもっと多くのものの状況とが，ある与えられた時代における社会の状態と，文明の状態を形成する（前書，141頁）．」
とする．しかしここで挙げられた対象は，如何にして把握するのであろう．まことに難しいのではないだろうか．むしろ，現実の人間心理の内実に目を向けたほうが，より接近しやすいのではと，思われる．
「社会の状態とそれを生ずる原因とが科学の主題と考えられるときには，これらの異なった要素の間には自然的な相後関係が存在すること，（中略）」つまり，「種々の社会的現象の状態相互には共存の誠一性が存在すること意味されている（前書，141-142頁）．」そうとすれば，対象事象が膨大になる．だから，人間

の本性に関わる事象を中心とすべきであろう．
「社会科学の根本問題は，社会のある状態が，これに継起して起こってそれに取って代わる状態を生ずるための法則を発見することである．」「これは人間と社会の進歩性（中略）という大きな困難な問題を明るみにだすものである（前書，141-142頁）．」とする．しかしここで問題なのは，（では，何をもって進歩とみなすのか）につき，触れていないことである．

　ただ「金銭上の儲け以上に，自分らの安楽とか虚栄とかを考えることがあるとは思っていない．」「しかし（中略）それが金儲けの欲望を凌ぐことがしばしばある（前書，131頁）」ともしている．とすれば，金儲けの目的は，それ自体ではなくその先の「安楽」と「虚栄」こそが目的であったこととなる．「虚栄」とは自身の精神的安寧にほかならず，「安楽とは肉体的にも安寧であることであろう．いわば，そのことで自己保存が安定的に維持されている状態のことであろう．結局，自己保存と種の存続を，真の公正・平等の下，肉体的精神的に平穏の内に実現したい，ということが，目的中の目的であるのではないだろうか．よって進歩とは，この目的が実現に近づくことを意味しているものと思われる．

（多くの人々は気づいていないが）社会情勢の変化＝進歩とは，利己的考えを利他的考えに修正される割合が増加することである．そのことが，安寧社会を実現してくれるからである．

項3 人間と社会の進歩性（前書，143頁）

このような，「変化する特性を持った対象を取り扱うことは，」というミルの記述は，彼が筆者の指摘した「社会現象に関わる法則は，変化する（前書，143頁）」という理解を既に述べていたことなり，

「人性と社会との科学」は「変化する特性（前書，143頁）」を持ち「（変化は時代毎で．）個人の性質が変化するばかりでなく，多数者の性質が時代によって同じではない（前書，143頁）」とする．その原因は「結果がその多くの原因に対して広くかつ恒常的に反作用を及ぼす事実である（前書，143頁）」とする．

ただ，このことの意味が社会現象と自然現象との根本的違いである，ということには，言及していない．おそらく，社会現象を対象とする社会科学を「やや精密な科学」と規定してしまったため，両者（社会現象と自然現象）の異質性には，余り言及したく（触れたく）なかったからではないかと思われる．筆者は，この違いを弁えることが，社会現象を正しく研究する根本であろうと，認識している．（社会現象と自然現象の違いを理解しているなら，その上での社会現象の「科学」としての推敲，研究は，実現できるはずである．）

よって「人類が置かれている環境（事情）は，それ（環境）自らの法則と，人性の諸法則（しかし，では2つにいかなる法則があるのか，あまりに蓋然的な意見である）とに従って作用を及ぼすことによって，人間という存在者の性格を形成している（前書，143頁）．」（ここで欠けているのは，人間が有する，動物としての基本的性質への言及である．この基礎的な性質は人間が生物である限り，ほぼ不変であり，多大の影響を人性の性格に与え続けていると考えられる．従って，この性質が引き出す人間行為は，さほど変化しないはず（法則の「持続性」は強い）と考えられる．）

よって，社会現象の法則は，「変化するのが当たり前」であって，自然現象と根本的に異なる性質である．

ただミルは「人間界の事象（前書，144頁）」は，「循環運動 cycle かまたは進歩が生じなければならない．」それは，天文学での天体の運動規則たる「循環軌道（周回）と放射体
（擲つ放物線）の弾道——自分に戻って来ない行程である——（前書，144頁）」のいずれかに従わねばならないとする．そして，後者を「進歩（前書，143頁）」を意味するとするのである．

この点「人類の進歩性は，社会科学における哲学【科学】的方法が最近その基礎としたところのものであって，これまで広く行きわたって化学的または実験的方式と，幾何学的方法式とに数等まさるものである（前書，145頁）．」としている．

　しかし，現実を見れば，順調にトレンドに従って「進歩」するとは限らない，

正しい「教育」がなされれば，が前提である．ゆがめられた教育が，小さいころから吹き込まれると，彼らが大人になって以後は，もはや，修正はなされず，停滞状態が続いてしまう．これが実態であり，この事実に早く気付く必要がある．よって，当時のまさに社会状況（研究水準）では，自然科学に絶対の信頼を置いていたからこそ，このような考えが導き出されたもと思われる．しかし，変化を進化とのみ捉えるのは，短絡的であろう．変化には退歩もあるからである．（これは，ヘーゲルの提唱した弁証法的理解によるものかもしれない．「人類の進歩性は，社会科学における哲学〔科学〕的方法が最近その基礎としたところのものであって，（それはこれまでの「化学的または実験的方式と，幾何学的方式とに数等まさるものである（前書，145頁）」という一文から推測されるのである．）もしそうなら，ミルの全面的肯定は，非常に危険であろう．）

（弁証法が成立しない理由は，前書の「補論」177頁を参照されたい．）

「歴史的事象の継起を，一定の法則に従うものと考え，これらの法則を歴史の分析的研究によって発見しようと努力した最初の思想家の一人は，ヴィコであった．（前書，144頁）」そしてヴィコは「人間社会の現象が循環軌道を回転すると考えた（前書，145頁）．」とする．

これは，いわゆる歴史学派の考えの先駆けのことと思われるが，この考えについては批判しており，歴史の検討から見出された法則はあくまで「経験的法則」であるから

「心理学的および性格学的法則と結びつくまでは，そして先天的演繹と歴史的証拠との合致によって（前書，146頁）」「科学的法則」とする必要があるとする．でなければ「近接している例においてならばともかく，それを超えては，未来の事件を予言するために頼ることができない（前書，147頁）．」とする．

「人間の進歩がたどる秩序を先天的に決定し，したがって現在に至るまでの歴史の一般的事実を予言することが可能であろうと主張する人がいるとは私は考えていない（前書，147頁）．」ともしている．

予言とは「定まった未来の社会の姿が予想通り出現する，という意味であるか

ら，それはポパーが指摘するように不可能であろう．影響する原因があまりにも多量，多様であり，かつ，各々の影響の仕方や，強さなどは異なるから，非常に困難な作業となることは目に見えているからである．

　項4 社会の状態の継起の法則は，逆の演繹法によってのみ確かめられる（前書，147頁）．
「歴史から導いた一般化を社会科学に導入するためには，これに対する十分な証拠が人性の内に指摘されねばなら（前書，147頁）」とする．
「人間の以前の歴史の全体によってわれわれに作り出された性質によって生ずることがその大部分となるのである．継起する各項がますます多数の，いよいよ多種多様な諸部分によって構成されているので，環境と人間との間の作用と反作用との長い系列は，これを生ずる根本的法則から，人間能力によって算定することがほとんど不可能であろう（前書，147-148頁）．」
「社会学的思考の従属的な方法で満足するほかない．すなわち，固定していると考えられた社会の状態において，新しい原因を導入する結果はどんなになるかを確かめることに努力することで満足しなければならない（前書，148頁）．」とする．
「各国民の深化は，最初はもっぱらその国民の本性と環境によって決定されるが，しだいに地球上の他の諸国民の影響と，他の諸国民に影響を与えた環境の影響とを【これは文明が進歩するに応じていよいよ巨大になる】こうむる．それゆえに歴史は周到に研究する時には，社会の経験的法則を示す．そうして一般社会学の問題は，これらの法則を確かめ，これらの法則を人性の法則と結びつけることにある．これを行うのは演繹法であ（る）（前書，148-149頁）．」
「逆の演繹法にあっては，検証の真実の手続きである．
　——結論が初め演繹の直接な仕方で獲得されている場合に，特殊な経験による検証が不可欠のものである（前書，149頁）．」（貨幣の交換手段機能の制限，という予測がさきに導き出されたなら，プリペイドカードの存在，によって，現実化の正当性を検証・証明する，としているようである．ただこれでは，一般的な手順と変わらないように見

える．そこで，次のような手順も考えられる．まずプリペイドカードの存在に気づき，プリペイドカードの機能から貨幣の交換手段機能の制限，を知る．貨幣の交換手段機能の制限は，予測であるから，問題の核心は貨幣であり，かつその機能に関わるという点にあることを認識する．ここから，貨幣の交換手段機能の制限はいかなる影響を経済活動に与えるかを推考し，結果，経済活動の鎮静化をもたらし，その原因は貨幣の使い勝手の悪さにあることに思い至る，という流れであろう．よって，現実化の正当性を検証・証明する必要は，存しないこととなる．）

「社会進歩の高い段階に達したのは，少数の国民だけであって，自己の独立な発展によってこの段階に達した国民はなお一層少ない（前書，150頁）」（ここで「社会進歩の高い国」とは，議会制民主主義を指すと思われる．よって，市場経済と議会制民主主義を組み合わせた資本主義化を意味すると考えられる．よって，ロシアは実は資本主義社会ではないだろう．市場経済と権威主義を組み合わせた制度は，例えば国家主義社会と呼称すべきであろう．）また，議会制民主主義が貫かれるのはあくまで自国内であって，他国に対しては，利害によって対応内容は異なるであろう．それは，大国，小国でも異なるであろう．ただ，議会制民主主義国とそうでない遅れた国での，対外国への対応内容は，大きく異なり，前者は一応合法的な対応策をとるのに対し，後者は武力と策略が中心となる．ただ，前者も裏では策略など非合法手段による対応を行う．このことは，進んだ国においてもさらに程度を高める必要があることが分かるだろう．

「他の事例と比較されることが不充分であるならば，おそらく正しい経験的法則でなく，誤った経験的法則が現れる確率が高い．」「この誤謬を阻止しまたは是正する唯一のものは，心理学的法則と性格学的法則とによる不断の検証である．」歴史の分析では，「事実の比較【的な】（の）重要さ（中略，つまり）どんな事実を探し，また観察すべきか（が重要となる）（前書，150頁）．」（つまり，歴史から，今なにを見出したいかによって，史実の内容は異なるから，比較が重要となる．また，過去と現在の比較も重要となる．）

項5 社会静学，すなわち社会現象の共存についての科学（前書，151頁）
ミルの時代での，社会現象の理解の程度
151頁で
社会静学：社会現象の共存の斉一性
社会動学：継起の斉一性
という概念→コント氏
「社会の経験的法則には二種類ある．一は共存の斉一性で，他は継起の誠一性である（前書，151頁）．」
「前者は社会の統合における安定性の条件を確かめ，後者は進歩の法則を確かめるものである（前書，151頁）．」
「社会的存在の各異なるあり方の種々の特徴的な指標を，相互から推論することができる（前書，151頁）．」
静学では，社会の変化は無視している．

伊達功氏の見解
「社会の経験的法則（＝伊達功氏の見解：社会学的研究：社会的環境（伊達功『社会科学の歴史と方法』ミネルヴァ書房，1973年，京都，219頁））には二種類ある．一は共存の斉一性で，他は継起の誠一性である（前書，151頁）．（＝伊達功氏：特殊社会学と一般社会学）」
特殊社会学：具体的演繹法が適用
一般社会学：逆の演繹法が適用：「（逆の演繹法とは）まず経験的にある命題を仮設してそこから出発する仕方が有効である（伊達氏，219頁）．」としているが，これは「仮説の提示過程」であると考えられるから，具体的演繹法の適用となると思われる．

「前者（社会静学）は社会の統合における安定性の条件を確かめ，後者（社会動学）は進歩の法則を確かめるものである（前書，151頁）．」

「社会動学は進歩的運動の状態にあると考えられた社会に対する理論で，社会静学は社会有機体の種々異なる部分の間に存在するものとして既に述べたところの（前書，119頁）共感性の理論（人々の合意を引き出す内実である．）である．いいかえれば同時的な社会現象相互の作用ないし反作用の理論である（前書，151頁）．」そして，ここでは「変化（前書，151頁）」は無視しているとする．

「社会の経験的法則には二種類ある．一は共存の斉一性で，他は継起の斉一性である「絶え間なく働きかけていたのは抑制的規律であった（前書，151頁）．」
「前者は社会の統合における安定性の条件を確かめ，後者は進歩の法則を確かめるものである（前書，151頁）．」
「社会的存在の各異なるあり方の種々の特徴的な指標を，相互から推論することができる（前書，151頁）．」
静学では，社会の変化は無視している．
「社会動学は進歩的運動の状態にあると考えられた社会に対する理論で，社会静学は社会有機体の種々異なる部分の間に存在するものとして既に述べたところの共感性の理論．（人々の合意を引き出す内実である．）いいかえれば同時的な社会現象相互の作用ないし反作用の理論である．」そして，ここでは「変化」は無視しているとする．
社会の多くの要素は，「要素の各々はこれらの他の要素の全体と相互依存関係によって統合されている（前書，152頁）．」
（同時的な社会現象相互の作用ないし反作用の理論である，とは，社会状況から，その状況を成り立たしめている性質を引き出し，それが持つ意味合いを確認し，それにかかわる人間心理は何か，どの様に作用したか，さらに，複数あれば，互いに影響し合っている状況を見る．）
「政治科学（前書，152頁）」よって，現在，経済学と政治学において心理を取り入れているのは，こうしたミルの考えによるものと，思われる．
「社会の要素のじっさいの状況に関しては，これらの要素が，他の既知の要素

第1章 既説の検討 91

と連結される関係を媒介として，充分に判断することができる（前書，152頁）．」
「観察の結果が，ただ相互的同位関係の，ある1つの方式からのみ生じたものではありえない」から「この相異の限界（中略）を精密に評価することは（中略）社会静学のすべての理論にとって欠くべからざる補足的条件である．これを欠くときには，（中略）間接的研究は，しばしば誤謬に陥ることになろう（前書，153頁）．」としている．（つまり，状況の成立については，様々な視点から原因を探り，比較，検討せねば，誤る可能性が高いという警告だろう．）
「文明社会の進歩的発展にかんする動学的考察が，社会現象の共感性かんする（中略）作用する仕方を示す（ある変化の一部分が，それ以外の部分に作用する状況，を示す）ことによって（中略）有効な手段を提供すること（前書，153頁）」が出来る．ただ，その前に静学的考察が必要．
「政治学においては（中略）多くの異なる科学の間には，（中略）ある関連が存在していて，（中略）他の分野における同時代の状態を，その必然的な相互関係から，真に科学的な確実さを以て推論することができる（前書，154頁）．」
国と国とを同時に考察する時，互いの影響の作用状態を見る必要がある．この時「共感性は通常決定的な性格を欠き，西ヨーロッパと東アジアとの間」のように，「例が類縁的であることと，接触点が多数であることとが減少するとともに（中略）両者の間では社会の各種の一般状態は，（中略）無関係である（前書，154頁）．」
社会科学で確認された一般原理で重要なもの（前書，155頁）．
「ある社会に存在する統治形体と，それと時代を同じくする文明の状態との間の必然的な相関関係である．いいかえれば，1つの自然的な法則である（前書，155頁）．」とする．
よって，ミルはある統治形態，例えば議会制民主主義には，それに対応してそれに相応しい文明の状態が「必然的に」成立する，としているのである．確かに，議会制民主主義が成立すれば，民主主義の根幹たる法の順守，人権の尊重，

言論の自由が実現してゆく．ただ，常に否定する勢力によって，危険にさらされている．自己存続欲は，それほど強いのである．
(ここ，ミルは誤っている．あくまで，自然の流れに従ってきた国はそうだが，途中でそれた国は，技術などは進んでも社会の近代化は，むしろ退歩している．)
「社会静学のもたらした主要な成果1つは，安定した政治的統合体の必要条件を確かめたことである（前書，155頁）．」
「法律又は法律に等しい慣習がなければ（社会は国に），結合されることはなかった（前書，155頁）．」（民主主義制度が国家を形成した．とするが，法が無くとも強権でも可のはず）
いくら「法」があっても人々が洗脳されてしまえば，役立たない．
「法」＝公の権威，よって，服従することとなる．

「必要条件：集団化をもたらす要素（前書，155頁）」これが無ければ他の社会に制圧されてしまう．もう一度再構築すれば，立ち直る（前書，156頁）とする．
「社会の異なる形体と異なる状態とを比較することによって得たこれらの成果は（中略）人性の一般的法則から大きな確率によって導かれることが知られる（どのようにしてそうするのか，についての言及なし．単にそうであろうというだけのようだ．）（前書，156頁）．」
とし，その理由につきミルは
「法律や政府に対する習慣的に服従が確固不動に確立」している場合には，「ある必要条件が存在し」「第一に」「教育制度が存在していた（前書，157頁）．」
として，
「人間の習慣を訓練し，それによって次のようないろんな力を訓練すること，すなわち個人的な衝動や目的を社会の目的と考えられたものに従属せしめる力，あらゆる誘惑にうち勝ってこれらの目的の規定する行為を遂行する力，これらの目的に反抗するあらゆる感情を心のうちで統御する力これらの目的に役立つ感情を奮い立たせるところの力を訓練すること，これが終局の意図であって，

このためにはこの教育制度を管理している当局が動かしうるあらゆる外的な動機と，人性にかんする知識によって生ずるあらゆる内的な力と原理とが，その手段として使われた．古代の国家の内政および軍政の全部はこのような訓練の制度であった．古代の国家においては，主として宗教的教育がこれにとって代わった（前書，158頁）.」
1，この手段の目的が，人間の習慣を訓練することである．
個人的な衝動や目的を社会の目的と考えられたものに従属せしめる力＝躾，道徳教育だろう．つまり，利他心の涵養
2，手段としては
第一：教育（前書，157頁）である．

「絶え間なく働きかけていたのは抑制的規律であった．人間の習慣を訓練し，それによって次のようないろんな力を訓練すること，すなわち個人的な衝動や目的を社会の目的と考えられたものに従属せしめる力，あらゆる誘惑にうち勝ってこれらの目的の規定する行為を遂行する力，これらの目的に反抗するあらゆる感情を心のうちで統御する力これらの目的に役立つ感情を奮い立たせるところの力を訓練すること，これが終局の意図であって，このためにはこの教育制度を管理している当局が動かしうるあらゆる外的な動機と，人性にかんする知識によって生ずるあらゆる内的な力と原理とが，その手段として使われた．古代の国家の内政および軍政の全部はこのような訓練の制度であった．古代の国家においては，主として宗教的教育がこれにとって代わった（前書，157-158頁）
古代社会：国家の内政，軍政により行う（前書，158頁）

近代：宗教的教育

「抑制的規律の厳しさがゆるむとき，そしてそのゆるんだ程度に応じて，無政

府的混乱に陥る人類の自然的傾向が頭をもちあげる．国家は内部から解体し，利己的目的を追う相互格闘は，悪の自然的原因に対する抵抗を継続するのに必要な能力を弱める．そしてしだいに衰微していく時には，長いかまたは短い期間を経て，国家は独裁者の奴隷になるか，外国の侵入者の餌食になる（前書，157-158頁）．」（これはまさしく日本で行われている道徳教育の内容と同じである．つまり，利他心の涵養である．だから，そのために道徳教育を否定する運動が日教組によってなされるのである．共産主義化を狙う．）しかも，この指摘は，R国が最も嫌う教育である．他利心が無くなると，国家は消滅する．よって，現代のヨーロッパ諸国では，逆に利己心が蔓延していることは，こうした事態の成立に，R国の秘かな関与が続けられていたからではないかと，強く推察されるのである．何故なら，長い間，ほとんどの研究者は，こうしたミルの重要な指摘に，気づいてこなかったからである．基本はいかにして民主主義を守り，拡張するか，という価値観を確認すべきである．

いかなる研究も或る価値観によって，進められるものである．よって，一度御自身の価値観はどのようなものであるか，を振り返って頂き，その上で結論を引き出すこととなろう．

とすれば，引き出すべき目標の内容はおのずと固まらざるをえないだろう．勿論単なる技術に関わる問題なら，この限りではない．逆に言えば，対象が技術的なものでないなら，人生の目的についての考えが，その内実を左右するであろう．

　社会科学については，カント，ミル，論理実証主義者の内，社会科学において人間心理の重要性を述べるのは，ミルだけである．しかも，既に重要性が指摘されているにも関わらず，長らくの間，一向に社会科学で心理を勘案することはなかった．かろうじて，経済学と政治学で考慮されるぐらいであり，論理実証主義者は「心理は心理学で扱うべし」としてしまっているのである．これは，恐らく「弁証法」というドグマが知識人を席巻して，通常の思考にブレーキをかけてしまったからではないかと思われる．なにしろ，弁証法は，矛盾律

さえ克服できる理論であるとされるドグマなのである．また，R 国の暗躍（ミルの『論理学体系』から目をそらせるように仕向ける工作を行う．）も予想される．

第二：「忠順又は忠誠の感情が何らかの形で存在すること（前書，158 頁）．」
「国家の体制の内には，確定した或るもの，永続している或るもの，疑問の余地のない或るものがある（前書，158 頁）．」
「この感情は，ユダヤ人におけるように，（中略）共通の一神，又は国家の保護者及び守護者である神々にむすびついていることもあれば」「一定の人物に向けられることもある．あるいはまたこの感情は法律に結びつくこともある．古代の自由や掟に結び付くこともある．」「個人の自由と政治的社会的平等」「の原理に付着することもあるかもしれない」いずれにせよ，「神聖であると見なしている，或るものがあった（前書，158 頁）．」（としている．つまり，ある心の拠り所となるものが存在すれば，国家が安定する．）

ただ，「統治体」が「習慣的な状態（つまり，マンネリ状態）」になると，やがては「国家は実際上内乱の情勢を呈する（前書，169 頁）．」こととなるとする．
第三：「第三の本質的条件は，同じ社会共同体または国家の成員の間における強固な能動的な団結力の原理である（前書，160 頁）．」これは「共通の利害に対する感情を意味する．」「同胞の一人にとっての禍福は自分の禍福であると感じていることを意味する（前書，161 頁）．」（つまり，「利己心」を抑えているということである．
項 6 社会動学，すなわち社会現象の継起関係の科学について（前書，162 頁）
社会動学：継起的秩序の考察（＝常に進歩すると捉える）の研究の目的は，社会状況の継起関係の観察ないし説明である（前書，160 頁）．
継起関係：「人性の法則に直接に由来することを基礎づけるためには，まず社会が進むにつれて社会が相互に生起せしめ合うときに従う直接的法則または誘導的法則を確かめることをしないでは，大した進歩は望むことが出来な

い．——右の法則は一般社会学の中間公理とでも言うべきものである（前書，163頁）．」

直接的法則（前書，163頁）＝直接的な原因

誘導的法則（前書，163頁）＝間接的原因

(いかなる原因で，社会の状況が定まるのか．)

社会静学：社会現象の共存（同時的成立）の研究（前書，151-162頁）

1．道徳的教育制度，宗教（前書，157頁）

2．忠順心（前書，158頁）

　忠誠心（前書，158頁）

3．強固な団結力（前書，160頁）

継起関係（前書，162頁）：「人性の法則に直接に由来することを基礎づけるためには，先ず社会が進むにつれて社会の状況が相互に生起せしめ合うときに従う直接的法則または誘導的法則を確かめることをしないでは，大した進歩は望むことはできない（前書，163頁）．」（社会の進展は，何か法則に従っているのか＝自己保存と種の存続の実現に沿うように，社会のありようをもっていく．）

「右の法則は，一般社会学の中間公理とでもいうべきものである（前書，163頁）」：常に進歩すると捉える．

「人性の法則に直接に由来することを基礎づけるためには，まず社会が進むにつれて社会が相互に生起せしめ合うときに従う直接的法則または誘導的法則を確かめることをしないでは，大した進歩は望むことが出来ない．——右の法則は一般社会学の中間公理とでも言うべきものである（前書，163頁）．

直接的法則（前書，163頁）＝直接的な原因

誘導的法則（前書，163頁）＝間接的原因

(いかなる原因で，社会の状況が定まるのか．)

「歴史からの一般化によって最も容易に獲得できる経験的法則はこのような法則となることは出来ない（前書，163頁）．」（歴史は，単に事実を示すだけで原因は，推測せねばならない．）

社会現象は多数の人間の合意によって実現している．
経験的法則は単に一般的傾向を示すだけ．
一般的傾向：引き起こす要素：増加する要素
　　　　　　　　　減少する要素
　　　　　　　　　変化する要素（前書, 163 頁）
を示す．
「社会が進むにつれて精神的性質は身体的性質にますますまさる傾向をもつようになり集団は個人にまさる傾向持ってくること（前書, 163 頁）」とする．（社会の進展は，何か法則に従っているのか＝自己保存と種の存続を肉体的精神的に，平穏の内に実現させる，の実現に沿うように，社会の在りようをもっていく＝これが，原因＝人間の根本的心情．）
そして
人間社会は，軍事力から生産力中心の活動へと変化し
「軍国的精神は次第に産業的精神に席をゆずる（前書, 163 頁）」こととなるとしている．
これは「歴史学派（前書, 164 頁）」が主張する進化論に類する内容だが，人性の根本の法則とは程遠い．ともかく，単なる経験的法則の状態では（状況については示せても，そのようになる原因までは，示せない．），今後どのように変化していくのかは，見通せない，とする．
（歴史学派の主張する最大公約数的考えは，人間は狩猟採集社会から，農業牧畜社会，工業社会，商業社会へと「発展する」というものである．この背後には，人間のあくなき生産物の多量の供給への意欲があり，それは，生産を高めて生活を安定させたい，という願望が存するからであろう．同時に，平穏の内に実現させたいとも，願望している．）
ただ，ミルは，各々につきその理由は示していない．
例えば，生産力が低い段階では，他の集団から財を奪えば手っ取り早い．コスパが良いから，闘争中心になる．生産力が上昇すれば，自力での生産の方が手間がかからない．

特に，農業から工業中心への切り替えは，その利益が大きい．このことが，封建社会を資本主義社会に変貌させた要因であろう．こういった推測も可能である．

なお，自国の生産力を高めることは，他国への侵害の機会が減少し，よって，争いも減少する．このことは，人間という種の存続に貢献するであろう．

人性の法則：法則と言うより「心理の中身」

国民感情：所属国家の一員としての自覚

項7 歴史的方法のりんかく（輪郭）（前書，164頁）

以上は「歴史学派（前書，164頁）」の発想であるとする．

ただ，これらは「経験的法則」に止まる，とする．

経験的法則：単に事実を示しただけの「法則」：歴史学派の提示する考えは，多くがこのレベルである．ざっとした変化の理由は述べられるが，その必然性までは，語られない．

「よりよい経験的法則をうるためには」「各要素の同時代における状況を考察することによって，社会現象の静学的見解と動学的見解とを結合し，次いでこれらの要素の同時的状態の間におけるのみならず，同時的変化における対応の法則を経験的に獲得することが必要である（前書，164頁）．」

「歴史的方法：歴史の証拠と人性の証拠とが合致の顕著な一例として結合する時，社会の進歩（変化）を促す作動因の中で，このように有力な，ほとんど至上の権力をもった社会的要素が実際に存在することが明らかとなる（前書，164頁）．」

とする．おそらくその内容は，「より多くの生が可能な方法を，選択する」という事実であろう．

「思弁，理知的活動，真理の探究が，人性の有力な性向の1つ（前書，165頁）」であるとする．＝つまり，考えること．

では，「利己的な性質」は，「人類を統合しないで，分裂させる傾向を持っている――人類を同盟者とはしないで，競争者とする――ので，社会的存在が可

能になるためには，これらのいっそう協力な性向に規律を与えること（例えば「法の順守」)，すなわちこれを世論の共通組織に従属せしめることが必要である．この従属の程度が社会統合の完全さを示す尺度であって，世論の性質が社会統合の種類を決定する（前書，166-167頁）」
（よって，民主主義制度の成熟度こそが，世論の質を左右するであろうし，逆に，意図的な歪められた教育によって洗脳されれば，世論が民主主義を否定することとなる．）
よって，「思弁的能力の状態，知性が是認する命題の特性が（中略）社会の自然的状態を決定すると同様に，社会の道徳的かつ政治的状態をも本質的に決定するのである（前書，167頁）．」よって，ミルは既に人間の本性としての「利己主義」こそが人間の争いの原因であり，「規律（＝例えば民主主義での，法の支配，基本的人権の尊重，言論の自由の確立）」こそが共存を保証するのだ，と喝破していたのである．

しかも，「人性の法則から演繹したこれらの結論は，歴史の一般的事実と完全に一致しているのである（前書，167頁）．」として，まさに「史実」が「人性の法則」を証明しているのである，として「歴史的方法」が「逆の演繹法」のツールたるものであるとするのである．
「人性の法則から演繹したこれらの結論は，歴史の一般的事実と完全に合致している（前書，167頁）．」また，宗教も預かって力があるとしている．
「人類進歩の順序」は「人類の意見の次々の変化にかんする法則に，依存するのだと結論しても，間違いではないのである（前書，168頁）．」としているから，ミルも，社会現象に関わる法則はまさしく人々の多数の合意によって成立し，かつ，思惟の変化によって法則は新しいものへと変化することに言及していたと言える．
項8 社会学研究の将来の予想（前書，169頁）
169頁では，コント氏は知識の進歩の基本法則として「思弁は3つの段階を次々に経過したと考えている（前書，169頁）」とし，「第一の段階においては，

思弁は現象を超自然的な作動因によって説明しようとし，第二の段階においては，形而上学的抽象によって説明しようとし，第三の最後の段階においては，思弁は現象の継起と相似性との法則を確かめることに限定された（前書，169頁）」とする．（つまり，現象が生じる原因と，提言した原因に対する証明としての類似の事象の存在の確認という作業）そして，この思弁は「歴史の示唆と，人間精神の構造から誘導された確率（ママ．格率：自明の命題・公理．行為や論理の規則の簡潔な言表の意．か）との，この両者の共働から導かれた高度の科学的証拠を持っているように思われる．この命題の区別する人間知性の三状態の各々と，及びこの三状態に伴う変化の各相とを，他の社会現象の相関的な状態と結びつけることによって，この命題の帰結を導くとき，この命題は歴史の全過程にどれだけの光明を投げ与えるものか．このことにかんしてはこの命題を単に聞いただけでは想像することもできないであろう（前書，169-170頁）.」（つまり，思弁の高度化にしたがって，人間社会のレベルもより洗練化されている，ということが，歴史の事実によって確認できるはずだ）とする．

そして以上は「社会の秩序と社会の進歩との誘導的法則を求める際に用いる方法である（前書，170頁）.」とし，この方法で「今後人類の未来の歴史を望見することができるばかりでなく，」生じた「不便や不利益」「危険や事故」を補塡したり防いだりする方策を決定することができるとする（前書，170頁）．

そして，「思弁的【科学的】社会学」の「このような実用的教訓は，政治技術の最も高い最も有益な部分を形成するであろう（前書，170頁）.」として，政治学での目標たるものである，とするのである．

そしてこうした視点は「歴史哲学」が担うであろう，として，「歴史哲学を組織する（前書，171頁）」ことを提唱する．そのことによって，社会（科）学の体系が完成すれば「人間の知識の全系統は完全とな（前書，171頁）」るとしていたのである．

よって，筆者が思い至った拙論を，ミルは早々と指摘していたのである．ただ，人間自身に対する考察は，歴史哲学者に限らずすべての研究者が，特に文化科

学者が5年もしくは10年に一度は，世界中からあつまって，議論すべき段階に人間社会は到達していると思われる．また，人間は多くが愚昧の民であるから，よほど努力をしないと，望ましい方向には向かわないと危惧されるのである．

第十一章　歴史の科学についての追加的説明（前書，174 頁）

> 要約
> この章では，人間の歴史がある法則に基づいて現実化するという理論（マルクスの考え）を批判する．従ってミルの論理学が，無視されていったのであろう．
> （自己保存と種の存続を，真の公正・平等のもと，肉体的精神的に平穏的に実現すること.）

項1 歴史的事実が斉一的法則に従うことは，統計によって検証される（前書，174 頁）．
（原始共産制，奴隷制，封建制，資本制を，すべての人類がなぞる．しかし，仔細に見れば，かならずしもそうとは言えない．停滞のまま，の民族もある．環境がそうさせる．ただ，よりすすんだ民族と接すると，それを見習うこととなる.）
特殊な思想に過半数の人々が染まってしまうと，ロシアのように，人間社会の発展のトレンドから外れてしまい，特殊な行為を常に行うようになる．現実のロシアのウクライナへの侵攻がそれである．
先述のように，独特の考えによって侵攻するから，侵略された方もその独特の考えに対抗する手段を講じないと，負けてしまう．独特の考えとは，勝つまで侵略を止めない，を旗印にする．よって，少々戦死者が増えようが，次々と兵を送り込む．長期戦は当たり前だから，それに備えて，大量の兵器を新旧共に備蓄しておき，旧式のものから順次使用していく．ひたすら兵器の増産に励む．新旧を厭わず増産する．友好国からの，援助を募る．相手陣営の分断を図り，

あらゆる手段で，工作を行う．
「歴史の過程は，おそらく哲学〔科学〕によって発見可能であるところの一般法則に従っているという理論（前書，174頁）」＝社会現象の集合的系列174頁
「歴史的過程が（中略）一般的法則に従っているという理論（前書，174頁）」は，「大陸の科学思想」及び，「歴史的事実が科学的法則に従う（前書，175頁）」は「自由意志の理論，」が，この考えを否定する．つまり，「云いかえる，不変的因果の法則（ここでの「不変的」の意味は，因果の法則の内容として，因果が不変的である，ではなく法則が不変的に存在する，という意味である．）が人間の意欲にも妥当することの否認の主張に基づくものである（前書，175頁）．」
もしそうなら，「因果の法則が人間の意欲に妥当しないならば，人間の意欲による歴史過程は，その基づくところの意欲が予見もできず，また，意欲が生起した後でも意欲を何らの規則性の基準に基づかせることもできないので，従って歴史的過程は科学的法則の主題となることが出来ないからである（前書，175頁）．」こととなり，「科学」の対象とはなりえない（よって，考察できない）こととなるとしている．
「人間行動の因果性の理論は，」「人々の行動は，人性の一般的法則と環境の事情と，および人々自身の特殊な性格との連合の結果であることを主張するだけである（前書，175頁）．」とする．
175-176頁では，「自然的ならびに人為的環境（前書，175頁）」という「教育」が
「彼等を育てた」のであり「（自然的ならびに人為的環境の）成果である（前書，175頁）．」（つまり，自然的（前書，176頁）ならびに人為的環境，という教育が，人間の「進化（自己保存と種の存続を，真の公正・平等のもと，肉体的精神的に平穏的に実現すること，に近づく状態）」を進めているのである，とするのである．ということは，人間が進化し，そのことが自然や人為的環境をより良い方向に進展的に変化し，さらにまた環境が人間を進歩させるという好循環が実現しつつある，という認識のようだ．しかし，環境は勝手に変わることはない．人為的環境を変えるのも人間である．とするなら，人間を変えるのは，「良

い方向とは何か」に気付いた人間による「教育（本来の）とメディア」こそが，実現していると思われる．言うところの，道徳教育であろう．道徳教育こそが，人間の自己主張をおさえ，他の人々への「思いやり」の心重要性を，説いているのである．これこそが，人間という種を存続可能にするのである．）

とするなら，逆の教育がなされると，劣化した人間が大量に生みだされ，争いが絶え間なく続き，種の存続が危うくなることとなる．この現実を露呈したのが，「ロシアによるウクライナ」進攻である．

「いずれの大きな国においても，人口に比例する殺人の数は，毎年ほとんど変わらない（前書，177頁）」および「ロンドンとパリの郵便局の記録が（中略）発信人が宛名を書くのを忘れた手紙の数と投函された手紙の全体の数との比が毎年ほとんど同じ（前書，177頁）」という事実は，「因果の法則を人間の行為に適用できることを示す有効適切な後天的検証である．」とする．これを，「一般的環境」とし「文明の状態」とする．（しかし，状況がたまたま似ている国についての事例とも考えられ，一般化は果たして正しいのかは吟味する必要があるだろう．）

文明の状態は，「人倫的，教育的，経済的およびその他いろいろの影響力がある（前書，177-178頁）．」とし，さらに，「各個人に特有な種々さまざまな影響力がある（前書，178頁）．」として，「各人の気質やその他の体制的特異性，かれの素性，常に交わる友人，誘惑等々である．」．これらは，「あらゆる組み合わせを上げつくすことのできるだけに，いいかえれば，偶然を消去できるだけに，」結果，「人間の行動が不変的法則によって支配されているとき，その集合的な結果は1つの恒常量の如きものであることを確信することができる（前書，178頁）．」とする．こうして，誤った考え（不変的法則）が導きだされるのだ，ということだろう．

項2 歴史的事実が斉一的法則に従うことは，人倫的原因が重要でないことを意味しない（前書，179頁）

（法則に従って歴史が変化するように見えても，それは人倫的な考えが影響を与えたからである．）

項3 歴史的事実が斉一的法則に従うことは，個人の性格と政府の施策とが無力または無効であることを意味しない（前書，183頁）
（法則に従って歴史が変化するように見えても，個々人や，政府の行為の作用が実行され，影響をあたえたからである．）
「社会進歩が不変的法則に従うという理論（前書，184頁）」につき，
「社会進歩が不変的法則に従うという理論は，社会進歩は個人の行為や政府の施策によって，実質的な影響をこうむることはありえないとする理論と，結びつくことがしばしばである．」しかし両説は「原因結果の関係と宿命観とを混同する永久にくりかえされる誤謬である（前書，184頁）．」
「人間の意志」の質（意志が社会に与える範囲の広狭）が「未開人と最も高度な文明を持った人種との主要な区別となっている（前書，184頁）．」とする．（よって，人間の行為の質の差こそが，違いをもたらしているのである．）
「社会」の「進歩を決定するのは偉大な人物の存在である（前書，187頁）．」
（ニュートン，ソクラテス，プラトン，アリストテレス，キリストなど）
（しかし，彼等を偉大と見るのは，西洋白人の「主観」にすぎない．＝白人は優れた人間であるという思い込みのなせるわざ）
「人類の進歩があるとして，それがどんな仕方でまたどんな順序で行われたかを決定するのには，個人の性格は余り問題にはならない．この点にかんしては，人性の一般的法則や，人間精神の構造によって確立されている一種の必然性がある（前書，187頁）．」
（ただ，人性の一般的法則や，人間精神の構造とはどんなものか，については，内容は示されていない．）
「ある真理は，前提となる真理が存在しているから，発見可能となる．＝積み重ねである（前書，187頁）．」
「人間進歩の順序には，ある程度までそれにあてはまる一定の法則がある（前書，187頁）．」
「しかし進歩の速やかに行われること，そもそも進歩そのものが起ることにか

んしては，一般に人類全体に妥当する一般化は可能」ではない（前書，188頁）．」

「ただ歴史のある時期の内にあって連続的進歩のようなものが見られるところの，人類のある小部分に限定されて，しかもその特殊な位置から演繹され，その特殊な歴史から帰納された，あるきわめてあぶなっかしい近似的一般化があるだけである．」（つまり，その特殊な時期のみに当てはまるかもしれない「法則的なもの」は，ある．）

とする．

私見では，「人間の本能に基づく行為として，生産力を高める，という方向性は，常に志向されるから，よって，この意味で法則に則っていると言える．しかしこれ以外に考えられた「法則」，例えば「弁証法的発展」などは，ありえない法則である，と言えるだろう．

「偉大な人物と環境との可能なすべての組合せを全部つくすのに必要な長期の時間からその平均を求めることは，われわれには出来ないことである（前書，189頁）．」よって，すべて「偶然的」と理解せざるをえない．

「科学は人類を導いて，真正の偉大な人物が現れるとき，その人物の影響を人類が受けることを可能にする準備的状態にまで進ませた一般的原因を，過去の歴史をとおしてたどることができる（前書，189-190頁）．」（つまり，どれだけ進展してきたか，を明らかにはできる．）

項4 有力な人物と政府の政策との持つ歴史的重要さについての例示（前書，190頁）

「歴史科学は絶対的予言を保証しないが，条件的な予知ならば保証する（前書，190頁）．」

「個人もまた歴史における偉大な変化を生み出し，その死後長く，歴史の全体の色調を左右する（前書，193-194頁）．」

「人類の集合的作動因が，あらゆる小さい原因に対して，その比重を増すにつれて，人類の一般的進化は，ある予定された行程を決して踏み外すことはない

(前書, 195 頁).」
(人性の一般的法則や, 人間精神の構造が重きをなしていけば, 人間社会は, ひたすら「進化」していくに違いない, としているようだが, 常に退歩の危険にさらされているのが, 人間である. なぜなら, 人間は, どんどん怠惰になっていきつつあるからである. よって, 怠惰であっても進歩（自己保存と種の存続を, 真の公正・平等のもと, 肉体的精神的に平穏的に実現すること, に寄与できる能力が高まること.）できる状況がもとめられる. それは,「正しい教育」であり, 内容の中心は,「利他心の涵養」であろう. つまり,「情けは他人（ひと）の為ならず」を実感させることであろう. よって, 正しい教育がなされなければ, 人間社会の進歩は, 望むべくもないであろう. 他利心の涵養と勤勉性の持続を永続させる手段を, 早急に検討せねばならない.）

第十二章　実践または技術の論理学, 人倫と政治を含む（前書, 196 頁）
項1 人倫道徳は科学ではなく技術である（前書, 196 頁）

つまり, 人倫＝道徳＝倫理は技術→実践の方法.
人性の＝人間性一般的法則
項2 技術の規則と, それに応ずる科学の定理との関係（前書, 197 頁）
規定の規則に従う→裁判官, 法に従う
新しく規則を作る→立法家, 法を作る
技術：工学的過程
科学：理学的過程
「三段論法（前書, 198 頁）」が重要.
（前書, 199 頁）　1, 技術の規則：
「技術は到達すべき目的を提案し, この目的を定義し, これを科学に手渡す（前書, 199 頁).」

　　　　　（つまり, ある技術は, やがて限界が見えるから, つぎのより高いレベルの
　　　　　技術につき, どこまでのレベルで＝目標, 到達への難易度＝定義, を示す)

（前書, 199 頁）　2. 科学の理論:
「科学はこれを受取り, これを研究すべき現象または結果と見なして考察する.そうしてその原因と条件とを研究して, これを生起せしめうる事情の組合せにかんする定理と共に, これを技術に送り返す（前書, 199 頁）.」（つまり, 新しい方法を考え出し, 実践可能であることを示す.）

（前書, 199 頁）　3. 技術の規則:
「そのとき技術はこれらの事情の組合せを検討し, その組合せのいずれが人間の力によって可能か否かをしらべ, それに応じて, その目的が到達できるかどうかを宣言するのである（前書, 199 頁）.」
以上の過程で行われている「推敲」とは,
1. はじめの大前提: 与えられた目的の到達が望ましい（役に立つ）, とする価値観に基づく.
2. 科学の段階: 科学は, この技術の提案に「しかじかの行動の遂行はこの目的に到達するという命題（これは一系列の帰納または演繹によって獲得される）を（技術）に貸し与える.
3. 再び技術の段階: 技術は, この 2 つの前提, 役に立つ, と実現可能である, から,「これらの行動の遂行は望ましいと結論する. そして, これが工学的にも実現可能であると知ったとき, 定理を規則に又は実践規則（訓則）に変換する.
項 3 技術の規則の本来の機能はどんなことであるか（前書, 199 頁）
「技術の規則は, 科学の理論よりは, 制度が緩い（前書, 201 頁）」
項 4 技術は演繹的であることはできない（前書, 202 頁）（そんなことはない. 試行錯誤は, 演繹そのものであろう）
「ある原因がこれ（規則の指図する手段によって, 与えられた目的に到達するとき）を阻止することのあること（前書, 202-203 頁）」や, 目的そのものが最善とは限らない, というケースは「私が幾何学的学派と呼んだ多くの政治学者たちの常習的

な誤謬（前書, 203 頁）」であるとする.
「フランスにおける政治学のきまり文句は広範な実践的原則である（前書, 203 頁）.」
「人民の主権の原理」に沿えば整合的である, とフランスではされるが「どのような政府も」「多かれ少なかれ不都合を伴っている（前書, 203 頁）」から, そうとは言えない.
項5 すべての技術は, ある実践的な利用のために適切なように秩序づけられている科学の真理から成立する（前書, 204 頁）
「技術のあらゆる規則の根拠は科学の定理に求べきである（前書, 204 頁）.」
項6 目的論, すなわち目的にかんする理論（前書, 206 頁）
「人性の術は三部門に分かれていて, 人倫と, 実践的知恵である政治と, 美学とである. これらは人間の行為と仕事とにおける正義と, 便益と, 美又は高貴を対象にしている. この技術（中略）にたいしては, 他のすべての技術は従属的である（前書, 208 頁）.」（ここでの論の曖昧さは, 例えば,「正義」の具体的意味が示されないところに存す.）
項7 目的論の究極的基準または第一原理の必要について（前書, 210 頁）
「科学に対して第一哲学があるように」「行為の第一原理」として「善または悪を決定する基準（前書, 210 頁）」が必要だ, とする.（筆者はそれが,【自己保存と種の存続を真の自由と平等のもと, 肉体的精神的に平穏な状態で実現すること】であると考えている.）
ミルは第一原理とは,「幸福」である, とし,「幸福の増進が目的論の究極の原理だ（前書, 211 頁）.」とする.
では, なにが幸福か.
「幸福というのは快楽と, および, 苦痛からの解放という比較的低俗な意味での幸福（前書, 212 頁）」とする. しかし, これでは具体的意味は分からない.
本来は,「自己保存と種の存続を, 肉体的, 精神的に真の自由と平等の内に実現すること」であるはず.

第1章 既説の検討　109

項8 結語（前書, 213頁）
「科学的研究の一般論理学を, 科学の人倫的部門ないし社会的部門に適用することにかんするこの概観を, 以上の諸注意を述べることによって終わりとしなければならない（前書, 213頁）.」

以上, 第六巻

以上のミルの考えを筆者の基準と比較してみると,

1. 提言は命題（真偽が定まった平常文）でなければならない.
2. さらに, それは確定名辞（意味が1つに確定）でなければならない.
3. 反証可能であること.（ドグマでないこと.）
4. 修正した論理実証主義に則って, 行うこと.
5. 人間心理を加味すること.

また社会現象での＝が示す意味には2つのものがあり, 1つは自然科学と同じ「ものの巣量」が等しいという意味であり, もう1つが「合意が成立した,」という意味であり, 等しい量が示されているわけではない.

この点については, 触れていない. また, 社会現象と人間心理をどのようにして関連づけるか, についての具体的事例は, 示していない.

6. 自己保存と種の存続を, 真の公平・平等的に肉体的に, 精神的にも平穏のうちに存続せしめる, という, 倫理に則っていること.
7. 人間社会のトレンドの延長線上にあること, には触れていない.

8. パースのアブダクションや, 帰納, 演繹, 類推を用いること.
9. 社会科学は自然科学と同じではない, と言うことを認識していること. ま

た，社会科学では人間合意の変化に従って，次々と理論を更新せねばならない．
10，論は体系的に論じられること．提言された命題を単独で検討するのではなく，様々な論の帰結を参照しながら，全体的に整合性が取れるように，検討すること．
11，なお，ここではあまり強調されていなかったが，文系研究では，過去の業績の吟味が不十分なケースが多い．よって，極力吟味し，採用不採用を明確にした上で提言すべきである．

という 11 において，1 から 5 の半ばまでは，提言していたと考えられる．しかし，人間行為に心理面を考慮した解釈をなすべきである，という 5 から 11 までの基準については，言及されていないように思われる．また，社会現象と人間心理をどのように関連付けるか，についての具体的事例についても，示していない．

ミルの考えは，以上である．

3　ウイーン学団カルナップ

ルドルフ・カルナップ著，吉田謙二訳『論理的構文論：哲学する方法』晃洋書房，2007 年，京都，原書出版 1935 年

> 要約
>
> 哲学の問題の教説には，当初の内容「形而上学，倫理学心理学および論理的分析」からなっており，ここでは論理的分析を行うとする（前書，2 頁）．ここで「命題を検証する方法」には「直接的検証と間接的検証」があり（前書，3 頁），前者は直接に経験することによるものである（前書，3 頁）．一方，後者は，「命

第 1 章　既説の検討　111

> 題 P がわずかに検証される可能性は，ほかのすでに検証されている諸命題とあわせて，P から演繹されるもろもろの命題の直接的な検証によるしかない（前書，3-4 頁）．」とする．
> 　2 では「論理的構文論と名づける理論の説明が与えられ，構文的方法で操作する仕方が示される．
> 　3 では「なにが論理的分析であるのか（前書，66 頁）．」，に対し「それらは構文論の文，すなわち，論理的構文論の文であるということであり，哲学は，したがって，構文論的方法の適用であるということである（前書，66 頁）．」とする．そして，「物理学的言語が全科学の基本的な言語であり，ほかのすべての科学言語の内容を把握する一種の普遍言語だということである（前書，88 頁）．」「言い換えると任意の分野の科学言語の各文は，物理学的言語の文と等値であり，それゆえに，その内容を変えることなく物理学的言語に変換可能である．（前書，88 頁）」とし，これがノイラートのいう「物理主義（前書，88 頁）」である，とする．
>
> 『入門社会「科学」方法論』では，全体に曖昧で，一部に間違いがあり，ここで訂正させていただく．

　ウイーン学団に属するカルナップ（Rudolf Carnap {1891-1970}）は，『論理的構文論』において次のように主張する（ルドルフ・カルナップ著，吉田謙二訳『論理的構文論：哲学する方法』晃洋書房，2007 年，京都，原書出版 1935 年）．
基本は哲学する方法について述べるとしているが，「科学的言語の構文論的分析の方法である」，とする．その内容は 3 章からなり，1 形而上学の排除，2 言語の論理的構文論，3 哲学の方法としての構文論となっている．
　1 では哲学の問題の教説には，「形而上学，倫理学心理学および論理的分析」からなっており（前書，2 頁），ここでは論理的分析を行うとする（前書，2 頁）．ここで「命題を検証する方法」には「直接的検証と間接的検証」があり（前書，3 頁），前者は直接に経験することによるものである（前書，3 頁）．一方，後者

は，「命題Ｐがわずかに検証される可能性は，ほかのすでに検証されている諸命題とあわせて，Ｐから演繹されるもろもろの命題の直接的な検証によるしかない（前書．3-4頁）．」とする．そして，

　　　「前提　P_1：「この鍵は鉄製である」．検査されるべき命題．
　　　　　　P_2：「鉄製の物が磁石の側に置かれると，それは磁石に引きつけられる」．検証ずみの物理法則．
　　　　　　P_3：「この対象的事物――この棒――は磁石である」．検証ずみの命題．
　　　　　　P_4：「鍵がその棒の側に置かれる」．わたしたちの観察によっていま直接的に検証されること．

こうした4つの前提からつぎの結論を演繹することができる．

　　　　　　P_5：「鍵は棒にいま引きつけられるだろう」．（前書．4-5頁）」とする．そして，

「この命題は観察によって検査されることができる1つの予測である．」とする．よって，ここにいわゆる論理実証主義の基本的な分析手順が示されている．つまり，帰納による仮説の提言と，仮説の演繹による予測化，及び予測の検証という過程である．

　結果，ここで彼は命題について論じ，「物理学者たちがそうした場（電磁場や重力場）について立言する命題には1つの完全な意味がある（前書．7-8頁）」何故なら，「知覚可能な命題がかれら（物理学者）の立言する命題から演繹できる（つまり科学的に考察し得る）からである．（前書．8頁）」とし，他方，形而上学（これを，「すべての経験を超えたもの例えば，事物の実在的本質（以下略）（前書．8-9頁）」とする．）は，よって排除する，とするのである．よって，ポパーの指摘した「反証可能性」もその必要性が前提されていることが読み取れる．

　2では「論理的構文論と名づける理論の説明が与えられ，構文的方法で操作

する仕方が示される（前書，34頁）．」とされる．「言語体系は二種類の規則からなっており，これを形成規則と変形規則とよぶことにする（前書，34頁）．」．英語では冠詞，名詞，動詞，形容詞の4つが「1つの文を構成するということを決定する（前書，34頁）．」

次に，変形規則とは「所与の文がどのようにしてほかの文に変形されるのか，別の言い方をすれば，所与の文からどのようにして他の文を推論できるのかを決定する（前書，38頁）．」
そして，演繹の事例（三段論法）が示される．ただ，構文論では文の真偽は定義できないとする．それは，「言語外的な或るものによっているからだ（前書，34頁）．」とする．また「純粋に論理的な性格を持っているような原初文と推論の規則だけが含まれている．その論理的もしくは数学的性格を持った変形規則（a科学的ということか）をL－規則とよぶことにしよう（前書，46頁）．」「論理外的な変形規則（b非科学的ということか）に包括的な名前を与えるために，それを物理法則（c非物理法則的とすべきではないのか）もしくはP－規則とよぼう（前書，46頁）．」「そうすると，1つの言語の変形規則はL－規則もしくはP－規則のいずれかである（前書，46-47頁）．」「集合Pを文Cと結びつける変形規則に従って構成される一連の文があれば，文Cはもろもろの文――諸前提――の集合Pの帰結とよばれる（前書，47頁）．」「ある一定の場合にL－規則だけが適用されると仮定しよう．すると，CはPのL－規則とよばれる．一方，Cがやはり P－規則を適用することによって，はじめてPから演繹することができれば，言い換えると，CがL－規則ではなくてPの帰結であれば，CはPのP－帰結とよばれる（前書，47頁）．」「例えば，つぎのような2つの前提の集合を考えてよう（前書，47頁）．」

「P_1：物体Aは3グラムの質量がある．
P_2：物体Bは6グラムの質量がある．
すると，Pからとりわけつぎの2つの帰結を演繹できる．
C_1：Bの質量はAの質量の二倍である．

C_2：ＡとＢにおなじ力が作用すれば，Ａの加速はＢの二倍である（前書，47-48頁）．」

「Ｌ－規則だけが理由で真であるような文はＬ－妥当もしくは分析的とよぶことにする（前書，48頁）．」よって，「ある文が分析的とよばれるのはその文が前提の空集合（：それに属する要素が１つも無い集合（注Ａ 非科学的ということか））のＬ－帰結であるときである（前書，48頁）．」

「Ｌ－規則（：その論理的もしくは数学的性格を持った変形規則，Ｐ－規則：論理外的な変形規則に包括的な名前を与えるために，それを物理法則もしくはＰ－規則とよぶ）だけが理由で偽であるような文をＬ－反妥当もしくは矛盾的とよび，【こうしたことの】形式的定義はつぎの通りである．すなわち，ある文が矛盾的とよばれるのは，当該言語のすべての文それぞれが当の文のＬ－帰結であるときである．文は，分析的であるか矛盾的であるかのいずれかであれば，Ｌ－確定的とよばれる．所与の文の真あるいは偽の決定のためにＬ－規則が十分でなければ，言い換えると当該文がＬ－確定的でなければその文はＬ－不定的もしくは綜合的とよばれる．綜合的な文は事態を立言する文である．「分析的」と「綜合的」という用語は伝統的な哲学ですでに用いられてきている．つまり，そうした用語は，カントの哲学でとくに重要であるが，しかし，今日に至るまで正確には定義されていない（前書，49頁）．」

ここでカルナップは分析的と綜合的の区分と，ア・プリオリとア・ポステリオリの区分，さらに確定名辞と不確定名辞を混同しているのではないかと推察される．第一の区分はそこに新しい判断が示されているか否かということであり，第二のそれは，真偽が経験以前に定まっているか，あるいは，経験により確定されるか，ということであり，名辞の確定，不確定は科学的に吟味できるか否かについての区分であろう．ここでは，本来は３つ目の区分をしめすことが目的のはずと考えられるから（何故なら，彼は，「哲学のほとんどの文はこのようにして私たちを惑わせる（前書，63頁）．」と，第２章を締めくくっているからである．），残念ながらそのようにはなっていないのではと思われるのである．

3では「なにが論理的分析であるのか（前書，66頁）．」，に対し「それらは構文論の文，すなわち，論理的構文論の文であるということであり，哲学は，したがって，構文論的方法の適用であるということである（前書，66頁）．」とする．そして，「物理学的言語が全科学の基本的な言語であり，ほかのすべての科学言語の内容を把握する一種の普遍言語だということである（注）88頁．」「言い換えると任意の分野の科学言語の各文は，物理学的言語の文と等値であり，それゆえに，その内容を変えることなく物理学的言語に変換可能である．（前書，88頁）」とし，これがノイラートのいう「物理主義（前書，88頁）」である，とする．このように物理主義を提唱するのである．

この考えに対し，クワインは批判をくわえ，「原理的に還元に失敗している（クワイン著中山浩二郎，持丸悦朗訳『論理学的観点から──9つの論理・哲学的小論──』Ⅱ経験主義の2つのドグマ，岩波書店，1972年，57頁）．」とし，「急進的な形の還元主義がカルナップの哲学から影をひそめて以来，もうずいぶんたっている（前書，57頁）．」としているから，カルナップも単純な物理主義については，再考せざるを得なくなっていたものと推察される．そして，「現代の経験主義は2つのドグマによって，大いに条件づけられている．その1つは分析的な真理，すなわち事実問題とは無関係に意味にもとづく真理（ア・プリオリな真である事実なのか，形而上学的ドグマなのか，どちらを指すのか不明）と，総合的な真理，すなわち事実にもとづく真理（経験的な，であり科学的ということではないようだ）とのあいだに，ある基本的分裂がある，という信念である（前書，35頁）．」「意味の基本的伝達手段がもはや名辞ではなく言明（命題）であると考えられるようになった（前書，56頁）」そしてそれは「フレーゲにはっきりとあらわれたこの方向転換（前書，56頁）」である，と指摘する．よって，第1の批判のポイントは，その名辞が確定名辞であるか否かに言及していないことへの批判だろう．結果，形而上学と科学のあいだの区分が曖昧となってしまっているとする．ただ，クワインの分析的と総合的という語の理解も，独特ではある．

「もう1つのドグマは還元主義である．これは，それぞれの有意味な言明が

直接経験を表示する名辞からなるある論理的構成物に等値である，という信念である（前書，35頁）．」「この2つのドグマは根拠の薄弱なものである（前書，35頁）」とする．しかも，「感覚所与と論理学の言語との一体どのように翻訳できるのか，については何の指標も——きわめて概略的な指標ですらも——あたえていない（前書，57頁）．」とする．つまり肝心の事実等の確定名辞を，如何にして論理的な物理学的言語に還元するのかについてのノウハウは分からないのである．カルナップは単に翻訳できる，としているだけなのである．

この考えに対し，クワインは批判をくわえ，「原理的に還元に失敗している（クワイン著中山浩二郎，持丸悦朗訳『論理学的観点から——9つの論理・哲学的小論——』Ⅱ経験主義の2つのドグマ，岩波書店，1972年，57頁）」とし，「急進的な形の還元主義がカルナップの哲学から影をひそめて以来，もうずいぶんたっている（前書，57頁）．」としている．

そしてカルナップは，「現代の経験主義は2つのドグマによって，大いに条件づけられている．その1つは分析的な真理，すなわち事実問題とは無関係に意味にもとづく真理

（L－規則（：その論理的もしくは数学的性格を持った変形規則（ア・プリオリな真である事実なのか，形而上学的ドグマなのか，どちらを指すのか不明）

と，総合的な真理，すなわち事実にもとづく真理

（所与の文の真あるいは偽の決定のためにL－規則が十分でなければ，言い換えると当該文がL－確定的でなければその文はL－不定的もしくは綜合的（科学的ということか）とよばれる．綜合的な文は事態を立言する文である経験的な，であり科学的ということではないようだ）

とのあいだに，ある基本的分裂がある，という信念である 35頁．」「意味の基本的伝達手段がもはや名辞ではなく言明（命題）であると考えられるようになった（前書，56頁）」そしてそれは「フレーゲにはっきりとあらわれたこの方向転換（前書，56頁）」である，と指摘する．

「もう1つのドグマは還元主義である．これは，それぞれの有意味な言明が直接経験を表示する名辞からなるある論理的構成物に等値である，という信念である（前書，35頁）．」「この2つのドグマは根拠の薄弱なものである（前書，35頁）」とする．しかも，「感覚所与と論理学の言語との一体どのように翻訳できるのか，については何の指標も——きわめて概略的な指標ですらも——あたえていない（前書，57頁）．」とする．つまり肝心の事実等の確定名辞を，如何にして論理的な物理学的言語に還元するのかについてのノウハウは分からないのである．カルナップは単に翻訳できる，としているだけなのである．

このクワインの批判につき丹治信春氏がその内実につき解説されている（丹治信春（たんじ　のぶはる）『クワイン——ホーリズムの哲学』現代思想の冒険者たち　第19巻，講談社，1997年），すなわち，第一のドグマは，「分析的な真理，すなわち，事実とは独立に意味に基づく真理と，総合的な真理，すなわち，事実に基づく真理との間に，ある根本的な区分がある，という信念」であり，第二のドグマは，「還元主義，すなわち，有意味な言明はどれも，直接経験を指示する名辞からの何等かの論理的構成物と等値である，という信念」である（前書，88頁）．そして，これらふたつのドグマには密接な関連があるが，それらには根拠がないとしていたとする．そして，第一のドグマは，分析的な真理と総合的な真理は区分できないのであり，丹治信春氏は論理実証主義者は分析命題を「どのような経験が生じようとも「検証」されてしまうような命題，すなわち，ア・プリオリ（経験する以前から真である）な命題」であると理解していたとされている（前書，100頁）から，結果，分析命題とア・プリオリな命題とは，自動的に一致するのである，とされる．この考えは，第二のドグマと呼ぶ「還元主義，すなわち，有意味な言明はどれも，直接経験を指示する名辞からの何等かの論理的構成物と等値である，という信念」を含んでいるとされる．すなわち，「還元主義のポイントは，命題1つ1つが個別に一定範囲（全範囲を含めて）の経験に対応する，という検証理論の主張にある，と言ってよいであろう．クワインの批判するのは，まさにこの主張なのである（前書，101頁）．」とされる．その

根拠としてホーリズムの基本テーゼが，提示される．「外的世界についてのわれわれの言明は，ここ独立にではなく1つの集まりとしてのみ，感覚的経験の審判を受けるのだ（前書，102頁）．」

ホーリズムの基本テーゼは，物理学者ピエール・デュエムの提示した「物理学者が受け入れているのは，現在までに明らかにされている物理理論の錯綜した体系全体である．」よって「物理学でのある命題を，単独で他の諸命題とは無関係に確証したり反証したりすることはできない（前書，104-105頁）．」ということである，とする．このことは，その命題の確定には，様々な手段が存することとなり，結果，体系全体が従来とは異なった構造になる可能性があることとなる．よって，「ただ1つに決まるとはかぎらない（前書，107頁）．」こととなる，としていたとする．また，体系が大きく変わる場合があり，それは，トマス・クーンの示した「科学革命論での，パラダイム論（前書，110頁）」によるものだ，とされる．そして，クワインの批判は，こうした新しい科学哲学の先駆けとなった，とされている（前書，111-112頁）．

しかし，確かに厳密に言えば物理学と形而上学に違いはないといえるかもしれないが（どちらにも曖昧さが存するから），しかしながら，曖昧さの程度を比較すれば，両者は似て非なるものであろう．そもそも自然科学は，常に事実を解明しようと試みている，永遠に真理に接近し続けている事象の解明手段であるから，常にその曖昧さの是正を実現させていることとなる．他方，形而上学では，一般的傾向として逆に常に混迷の真っただ中に安住しているやに思える．従って，形而上学を科学に近付けることは早急に実現せねばならないものと考えられる．よって，論理実証主義での科学的考察の手順は，なんら否定されるものではないだろう．ただ，科学に近づけるためには，足らざる部分を補う必要があるだろう．

最後にクワインは，カルナップはプラグマティックな性向を持つと批判する（クワイン前書，63頁）．この意味につき丹治信春氏は「プラグマティックな問題，すなわち，有用であるかないか（前書，121頁）」という問題は，正しいか否か

第 1 章 既説の検討　119

という問題ではない．今，「カルナップにとって，言語の選択は（中略）全く自由であ（前書，120 頁）」るから，それは単に有用であるかないか，という立場に立つこととなるからである，としていたとする．

　なお，カルナップは認識論において知識は心理学的問題と論理学的問題の両面を有するが，心理面は心理学に任せるべきであるとする．何故なら，「心理学的問題は（中略）精神的出来事に関係がある」からだとする（カルナップ前書，81-82 頁）．しかし，人間の心理的特長，例えば「人間は安易な方向に流れる」ということを事前に摑んでおけば，社会現象を検討する上で利点が存するであろう．むしろ，心理面こそが重要視される必要があるのではないだろうか．心理そのものは，精神の分析という形態を採ることはその通りだが，心理が人間行動にどのように反映されるかは，次元の異なるものであり，人間行動の分析，つまり社会現象の分析には不可欠のものと考えられる．よって，心理学の成果は大いに活用すべき対象と考えられる．

　このようにカルナップは還元主義によって，当初は「科学は統一体をなしている（＝すべての科学は，すべて物理的言語で示せるから，同質である）（ルドルフ・カルナップ著，竹尾治一郎訳「科学の普遍言語としての物理的言語」（坂本百大編『現代哲学基本論文集 I ＝フレーゲ，ラッセル，ラムジー，ヘンペル，シュリック，ノイラート，カルナップ＝』勁草書房，1986 年，東京，185-239 頁）．でも，述べていた．なおここで，編者坂本氏は，「（カルナップはここで）論理実証主義の構想を練り直し，それを包括的に，かつ，詳細に叙述したとされている（前書，256 頁）．」と考えたところに，限界があった．また，物理的言語を前面に押し出したがため，彼らは社会現象が自然現象とは全く異なる異質の現象であることに気づけなくなってしまっていた．（よって，「論理実証主義」自体が，限界を持つ）．即ち，社会科学はあくまで多数を占める人間行為の結果としての現象を対象としているから，あくまで，たゆとう人間心理によって生じた現象を対象とするから，自然科学のように定まった内容を示すものではないからである．よって，まだミル（ただし，ミルは社会現象では人間心理の重要性については，気づいており，それを加味すべきで

あるとは論じていた．しかし，両者は同質であるという認識に止まっていた．）と同じように，自然科学と同質であるという立場に立っていたと思われる．

なお，彼は「科学の統一性という定立命題は，（カルナップ前書，96頁）（中略）物理科学，心理学，社会科学は（カルナップ前書，97頁）（中略）おなじ基礎に立ち，結局は，1つの斉一的な科学を構成している．」という意味の統一であり，「科学のすべての分野の用語は論理的に斉一的である（カルナップ前書，98頁）．」ということを意味している，とする．つまり，「哲学のすべての定立命題と問いは論理的構文論に属する．論理的構文論の方法，すなわち，諸規則の体系としての言語の形式的構造の分析は，哲学の唯一の方法なのである（カルナップ前書，96頁）．」ということだとする．しかし，既にみたように，社会現象でのイコールは，量的に等しい，を意味するケースと，単に人間同士で合意が成立したことを意味するケースの二者があるから，よほどの注意を払はらわねば斉一性はたもたれないと予想される．よって，構文論での斉一性を求めるよりも，むしろこうした根本的な違いのほうこそ，的確に示すことのほうが重要なのではないかと思われる．つまり，いかなる科学的文も物理学での言語で示せる，という意味にしても，得てして諸科学の内容そのものが同質であるかのような誤解を生み出してしまいがちである．現にカルナップ自身が社会現象と自然現象の明確な違いにつき，言及できなくなってしまっていることをみれば，あきらかである．なお，クワイン自身も自然現象と社会現象の根本的違いについては，気づいてはいなかったようである．

一方，命題の真偽の確定については，クワインが「否定，連言（かつ），および選言（あるいは＝言明（命題）をもとにして言明を作る第3の道の，正確な理解に厳密に必要なことはすべてつぎの法則にのべられる」として，

(1) 「p̄」（not p）は，「p」が偽のとき，またそのときにかぎり，真である．
(2) 「pq……s」は，「p」，「q」，……，「s」のすべてが真のとき，またそのときにかぎり，真である．

(3)「p∨（＝∪→あるいは）q∨……∨s」は,「p」,「q」,……,「s」が残らずは偽でないとき,またそのときにかぎり,真である.
(中略,よって)ある否定,連語,ないし選言の真偽を決定しうるためには,その構成要素の真偽を知れば十分である.(ウヒラード・クワイン著中村秀吉（なかむらひできち）,大森荘蔵（おおもりしょうぞう）,藤村龍雄（ふじむらたつお）訳『論理学の方法（原書第3版）』岩波書店,1978年,9,14頁).」としている.

なお,カルナップの仮説,予測,よって,帰納,演繹についての記述につき,補足しておくと,
『論理的構文論』（前書,4-6頁）
　p1 この鍵は鉄製である（仮説）
　　p2 鉄は磁石にひきつけられる
　　よって
　　p3 この鍵は磁石にひきつけられるだろう.（予測）
という演繹の結論
　p1から演繹できる事例の数は無限である.
　p1は,「将来,否定的な事例を見出す可能性の確立がどれほど小さかろうとも,その可能性はつねにある.だから,命題p1が完全に検証されることは決してできないのである.この理由で,命題p1は仮説とよばれる.

帰納での過程（筆者推測）
この鍵の素材は金属のうち,鉄製,アルミ製,銅製のいずれかである
この鍵は素材のうち,鉄製,木製,紙製のいずれかである
この鍵は素材のうち,鉄製,プラスチック製,合板製のいずれかである
共通しているのは,鉄製
よって,この鍵は鉄製である

つまり，「帰納」で，「鍵は鉄製」を引き出していて，さらに，「鉄製の鍵の性質はこうだ」，と，既に明確になっている性質のどれに当たるかを引き出している．つまり，この鍵は鉄製である p1 のという内容をさらに補強している，よって，p1 を高めていることとなる．
「帰納で新しい事物を引き出し，それをさらに内容的に高める（より確実にする），のが科学的手続き」

「世界の原理は水である」という命題はまったく何事も立言していないのである．」
「この種の命題を検証可能性の観点から検査してみよう．そのような命題が検証可能でないことはたやすく認められる．」
「なんらかの知覚や感情や経験を立言するような命題は何も演繹できない（前書, 10 頁）.」
以上である．

　いずれにせよ，いまや学問は再検討の必要な状況に，広く言えば，分析の段階（個々の分野ごとの研究）から綜合が要求される段階（全ての分野に目を向け統合的に研究する）に入ったものと考えられる．この意味でも，文化科学の再検討，即ち真の科学化が必要なのである．なお，カルナップは言表ではなく命題化するには，「命題化の基本は，各々の語句の内包（性質）と外苑（集合）を区分して明確化することである（R・カルナップ著, 永井成男（ながいしげお）, 内田種臣（うちだたねおみ）, 桑野耕三（くわのこうぞう）訳『意味と必然性』紀伊國屋書店, 1974 年, 東京, 190-191 頁）」としている．
　以上，カルナップ，つまり論理実証主義では，社会科学方法論は，自然科学と同じ手順を踏む必要がある，としていた．ただ，クワインによる「物理言語に対する批判（クワイン著, 中山浩二郎, 持丸悦朗訳『論理学的観点から——9 つの論理・哲学的小論——』岩波書店, 1972 年, 35-64 頁）」を批判を受け入れてより精緻化

した．批判の以後，カルナップは言及しなくなった，とクワインは指摘している（前書，57 頁）．
また，心理面は「心理学の対象である（カルナップ前書，27-28 頁）」という誤りを犯してしまっていた．
なお，カルナップは既に述べた科学としての要件をどの程度クリアーしていたかについて，見ておこう．

　カルナップは当初 1．命題，3．反証可能，4．仮説・予測・実証については言及していたが，J・S・ミルが既に触れていた「5．人間心理を加味すること」については，逆に不要であると断定しており，むしろ後退した見解となっている．このことが今日の社会現象の研究の停滞の一因となっていたのではないかと思われる．また，それ以外の要素についても残念ながら言及していないと思われる．
このように，社会現象を扱う分野では先人の考えが生かされていないことが読み取れるのである．このことから，我々はもう一度先人の研究内容をすべてに亘って再考することが必要な段階に至っているのではと思われるのである．
　結局，カルナップの，科学としての必要事項についての考え方は，次のようなものである．
1．提言は命題（真偽が定まった平常文）でなければならない，を強調している．
2．さらに，それは確定名辞（意味が 1 つに確定）でなければならない，については，
明確には触れていない．
3．反証可能であること，（ドグマでないこと）には，触れていた．
4．論理実証主義に則って行うこと，については，提言者自身である．
5．人間心理を加味することには，それを否定した．
また社会現象での＝が示す意味には 2 つのものがあり，1 つは自然科学と同じ「ものの数量」が等しいという意味であり，もう 1 つが「合意が成立した，」と

いう意味であり，等しい量が示されているわけではない，という点については，触れていない．

6．自己保存と種の存続を，真の公平・平等的に肉体的に，精神的にも平穏のうちに存続せしめる，という，倫理に則っていること，については，全く言及していない．

7．人間社会のトレンドの延長線上にあることについても，言及はない．

8．パースのアブダクションや，帰納，演繹，類推を用いることは，言及はないが，前提であった．ただ，アブダクションや類推についての言及は，確認できない

9．社会科学は自然科学と同じではない，と言うことを認識していること，については，「同質である」としていた．

10．の体系的考察，11の過去の業績の吟味，については，触れていない．

これらが，カルナップの考えであった．よって，ミルの指摘より一歩後退したものとなっているように思えるのである．

以上が，スミス，ミル，カルナップの社会科学方法論への考えである．

第2章　心理学の成果

> 要約
> ここでは心理学がこれまでにどのような成果を上げているのか，を見る予定であった．しかしながら，筆者の能力不足と，体調悪化のため，断念せざるを得なかった．そのため，ごく一部の心理学の著書の概要を示すことしか出来なかった．読者の皆様は，それぞれで，内容を明にされていただきたい．

心理学文献一覧

① 守　一雄『認知心理学』現代心理学入門―1，岩波書店，1995年，東京
人間の認知の特徴vi頁
モデルの解説前書きvi頁，を示す．
2頁，実験によって，証拠づけようとする
28頁，プロトコル：被験者の意識過程そのものを言語化させたもの，の利用
内省報告：被験者の意識過程を，被験者がまとめて語ったもの
プロトコル：被験者の意識過程を，被験者が口にしたそのもの．
67頁，心的イメージ：例，猫という言葉を聞いたとき，猫そのものをまざまざと
思い浮かべたとき．
86頁，理解，暗記，関連づけ，推論（新しい情報を作り出すこと），説明，できること．

94頁，スクリプト理論：繰り返して行うような事象の知識は，あたかも劇の台本のような形式で記述されている
例：「レストランで食事をする」という行為は，既に経験した一連の流れの記憶に従って，行為される．
99頁，人間行動の階層構造
スクリプト：ある特定のプランが現実場面で行われているもの．
プラン：ある特定のゴールのために実行されるもの．
ゴール：より大きなテーマの一部分となるもの（中間のゴール）
テーマ
1．役割テーマ
2．人間関係テーマ
3．人生テーマ

人間行動
a 機械的に行われるもの．
b 目的を決めて，行われるもの．
しかし，刷り込まれた記憶によれば，機械的に行われてしまう．
109頁，アルゴリズム：機械的なやり方で必ず答えが見つかる手順．
110頁，ヒューリスティック：見込みが外れると，うまくいかないことが起こる．こうしたやり方のこと
136頁，PDPモデル：並列分散処理
136頁，誤差逆伝播法，望ましい出力，教師信号と，実際の出力との差に基づいて，入力ユニットと出力ユニットとの間の強度を変化させること．
145頁，知覚の仕方，私たち自身の日常生活，生態と結び付けて知覚する．
例，大小2つの円柱形物体の認識は，大きさの寸法ではなく，小：持てるぐらい，大：座れるぐらい，という判断で行う．（必ずしも，そうではない．両者とも，あだろう．）

与えてくれる特性を知覚する．
145頁，アフォード：与える
　アフォーダンス：与えてくれる特性

② 無藤隆・久保ゆかり・遠藤利彦『発達心理学』現代心理学入門―2，岩波書店，1995年，東京
vii頁，「生涯にわたる発達を概観する」
16頁，素朴理論：対象を明確に持っており，体系性」のある「一貫性があり，基本的な説明原理を持ち，様々な原理を説明できる子ども（や大人）の持つ論理の体系」
39頁，愛着の発達過程：表3-1，ボウルビィ（1969）による愛着行動のカテゴリー（矢野・落合，1911）．内容は以下の通りである．

愛着行動のカテゴリー	行動例
発信行動	泣き，微笑，発声
定位行動	注視，後追い，接近
能動的身体接触行動	よじ登り，抱きつき，しがみつき

76頁，メタ認知：何かについて自分がわかったという認識についての認識
85頁，自他の心理：恥や誇りの情動を経験すること自体は早くからしているだろう（他への配慮の心理は，本能的．培うのではなく，引き出す．）
142頁，最適中間類似の原理：生物個体は，自分の親やきょうだいと（そして結果的に自分にも）よく似ているが，あまりに似すぎてもしいない対象をパートナーとして選択する確率が高いらしい．
154頁，独身の理由：本能ではない．同性婚：本能だろう．人口に歯止めをかけるため，同性婚を選択する．よって，子供は出来ず人は増えない．
160頁，親になるために，赤ん坊がかわいいという意識を持つように，あらかじめ「生物学的に，仕組まれている」（ローレンツ，1950）．

190頁，老年期の変化
　1．自己中心性
　2．内向性
　3．保守的
　4．猜疑心・嫉妬心
　5．柔軟性・融通の欠如
　6．適応力の低下
　7．不機嫌・愚痴っぽさ
　8．でしゃばり
　9．心気症的性質（ヒポコンデリー：重い病気でないのに，恐れる状態）
　10．抑うつ傾向（藤野，1990）
　（人間は，年を取るほど自己保存欲が強くなる．⇒よって，教育は若い時に正しくなされる必要がある．）

203-204頁，1．時間軸で見る．年齢で見るが，その時点でも多様性の存在を忘れないようにする．縦の発達．
　2．空間軸で見る．時間軸で獲得できたものを，いろいろな対象へと導出できるようになる過程．横の発達．

③ 市川伸一『学習と教育の心理学』現代心理学入門—3，岩波書店，1995年，東京

ix頁，従来の研究者の立場「教育心理学は科学なのだから，価値中立的でなければならない．
教育の理念よりも，客観的な事実や理論を重視するのである．」（事実の重視は必要である．問題は，何を目的として研究しているか，ということ，つまり，まさしく「価値観」を明確にしておく必要があることに，思い至っていないことが重要である．）

20頁，学習の動機付け
　1．実用志向，生活に役立つ

第２章　心理学の成果　129

　２，自尊志向，人より優れる
　３，訓練志向，頭を鍛える
　４，充実志向，学習が面白い
　５，関係志向，他人に勧められて
　６，報酬志向，こづかいがもらえる
重視：４，充実志向，学習が面白い，３訓練志向，頭を鍛える，１実用志向，生活に役立つ
軽視：５，関係志向，他人に勧められて，２自尊志向，人より優れる，６報酬志向，こづかいがもらえる

（ただ，３は３以外の目的のための基礎心理であろう．すべて，根本的な原因を見る必要あり．）

多くが，状況の原因として，単に状況にのみ思いを至らせており，もっとメタなものを探っていない．

33頁，努力型と怠惰型の人間の存在．なぜ分かれるのか．

66頁，「典型（プロトタイプ）」

70頁，「知識の構造化：概念や命題の間の関係を明らかにして整理することである．」

91頁，「ヒューリスティック：アルゴリズム（常に正しいかいの得られる決まりきった手続き）に対する概念⇒難しい問題はずに書いてみるとよい．など

101頁，学習観：学習方法の背後の心理，学習についての考え方や態度のこと．

109頁，メタ認知：認知査定に対する認知，のこと．

　１，自己の認知についての知識を持つこと（自分はどれくらいの量の記憶ができるか）

　２，自分の認知過程の状態を把握すること（自分は今の話がどうもよくわかっていないようだ，ということがわかる．）

　３，自分の認知行動を制御すること（あとで思い出しやすくするためにはこのように憶えればよいと，わかっており，実行できる．）

19頁，学校，授業の必要性．⇒科学的概念に基づいて，世界を理解する，ようなレベルに，かなうから．

④ 安藤清志・大坊郁夫・池田謙一『社会心理学』現代心理学入門―4，岩波書店，1995年，東京

2頁，「社会心理学とは，「人と人との「相互作用」のあり方を研究する」
10頁，「児童期に暴力番組を観ることが青年期の攻撃性の原因となることを示唆するものである．」
18頁，スキマー：「対象・事象を認知するとき（中略）過去の経験によって獲得した体系的な知識に基づいてこれらを解釈しようとする．このような認知の枠組みのこと」．
20頁，ヒューリスティック：「必ず問題が解決するという保証はないが経験的に解決への格率が高い方法を用いて決定を行う．」
29頁，根本的な帰属の誤り：選択の余地なく特定の態度を表明するように求められた場合でも，それが真の態度を反映していると考えやすい．
30頁，合意性過大バイアス：自分の態度や行動を典型的なものと考え，同じ状況に入れば他者も自分と同じ選択や行動をするだろうと推測する傾向
38頁，自己概念：人々が自分自身について持っている構造化された知識
38-39頁，自己確証過程：自己概念は安定性を保つ傾向があるが，それは，人が自己概念を確認するような形で周囲の環境を認知し，また，そうした環境を創り出すことに一因がある．
この過程で人は
 1．自己を表現するサインやシンボル（衣服，身体的特徴，所有物，職業選択など）を示す
 2．自分に適した相手や缶k等を選択する
 3．自己概念を確認する反応を他者から得られるような特定の対人的戦略をとる

などの行動をとる．さらに，自己に関する情報を処理する際に
　1．自己概念を確認する情報に多くの注意を向ける
　2．自己概念を確認する情報をよく記憶する
　3．自己概念を確認するような方法で，その情報の妥当性や重要性を評価する
などの傾向がある．

40 頁，セルフ・ハンディキャッピング：成功できるかどうか確信がもてない場合にあらかじめ自分に不利な条件（ハンディキャップ）があることを主張したり，実際に不利な条件を作り出してしまう行為
これにより，能力の欠如，という評価を免れ，成功すれば高い評価を得られる．
47 頁，客体的自覚：鏡を前にしたり録音された自分の声を聞くなどする状況のもとでは，自分自身に注意が向くと同時に，行動の適切さの基準（個人的信念，社会的規範，理想など，その状況で行動の指針となり得るものをさす）が明確に意識されるようになる．（中略）多くの場合，現実の行動はこの基準を満たしていないため，客体的自覚の状態にある人はその不一致を不快に感じる．そして，この不快感を低減するために，
　1．自己を客体視させる刺激（鏡やカメラなど）を避けるように行動する．
　2．外部の刺激（テレビや音楽など）に注意を集中する．
　3．身体的運動を行う．
　4．アルコール飲料を摂取して注意が外部に向くようにする（Hull & Young, 1983）．
　などの方略を用いて，できるだけ客体的自覚の状態を回避しようとする（Wicklund, 1983）．
48 頁，自己意識特性：自己に対する注意の向けやすさには，個人差も大きい．ただし，いかなる自己の側面に注意を向けるかによって，思考，態度，感情状態など，自己の内的な側面に注意を向ける私的自己意識特性と，自分の行動や容姿など，他者から見られる自己の側面に注意を向ける公的自己意識特性に分

けられる．
49頁．没個性化：多数の人々の中に埋没して自分自身に注意を向けず，一人の人間としてのアイデンティティを喪失している状態
この状態にあるとき，人は，通常は抑制されている行動を起こしやすい．ジンバルによると，
没個性化を促進する条件としては，
　1．匿名性が保証されている．
　2．責任が分散されている．
　3．興奮している．
　4．感覚刺激が多すぎる
などがあげられる．このような条件のもとでは，自分自身を評価することをやめてしまい，他の人から評価を受けることへの不安も薄れ，本来なら行動を抑制するはずの罪，恥，恐怖感が機能しなくなる．その結果，情緒的，衝動的，非合理的な行動が出現し，同時に反応性が高まって周囲の行動的な人の行動に感染することが多くなるという．
50頁．自己開示：自分が意図的に相手に打ち明けなければ決して相手が知ることが出来ないことがら（中略）を，日常生活の中で，特定の他者に対してこの種のことがらを伝達することによって，自らを「透明に」すること．
52頁．自己呈示：自分にとって望ましい印象を他者に与えるために意図的に振舞うこと．
130頁．カタルシス：過去の不快な体験を自由に表現させることによって精神的緊張を解消すること．

⑤ 倉光修『臨床心理学』現代心理学入門―5，岩波書店，1995年，東京
7頁．心の構造
心の3領域
　1．感覚・知覚

この領域には視覚，聴覚，臭覚，味覚，触覚，圧覚，痛覚，温覚，平衡感覚などが含まれる．通常これらの感覚は，あるまとまり（ゲシュタルト）を持ったものとして「知覚」される．
2．イメージ・思考
この領域は，感覚や知覚とは対照的に，現実の時空間から自由な領域である．代表的なものは過去の想起や未来の想像である．
3．感情・欲求・動機づけ
この領域には，感情，気分，動因，欲求，動機づけなどが含まれる．このような「感じ」は，ほとんど常に，感覚やイメージと連動して生起する．
9頁．心の3層
1．表層（覚醒者の視座）
いわゆる意識の層である．
9-10頁．2．深層（夢見者の視座）
いわゆる無意識の層である．
第1の層における意識を表層意識とするなら，第2の層における意識は深層意識，前者を顕在意識と言うなら，後者は潜在意識と言うことができる．
われわれはときどき，覚醒水準が下がってきて，意識がぼんやりとしたり，薄れてきたりするのを体験する．
11頁．3．超越的層（たましいの視座）
脳が位置する時空間を超越した心的現象．このような（中略）心的現象は，いかなる科学をもってしても「あるのかないのかわからない」．（中略）真実はわからない．（例えば，透視，念力）
71-72頁．フロイト派とユング派との相違点
　1．フロイトが対象を主として神経症に限ったのに対し，ユングは正常から精神病まで後半な対象にアプローチした．
　2．フロイトが主に個人的な無意識を問題にしたのに対し，ユングは人類に普遍的な無意識にまで視野に入れようとした．

3．フロイトがエディプス・コンプレックスに代表されるような性的エネルギーを重視したのに対し，ユングはより湖畔な心的エネルギーを想定した．
4．フロイトが主に成人期までの人格発達を問題にしたのに対し，ユングは中年期以降，死に至るまでの人格発達を捉えようとした．
5．フロイトは因果関係を明確にすることに関心を注いだが，ユングは共時的連関にも開かれた態度をとった．

72頁．ユングはのアプローチでは夢が重要視される．

84頁．ゲシュタルト療法
ゲシュタルト療法はF・パールズが創始したアプローチである．ゲシュタルトとは，もともと「形態」「まとまり」「全体」「統合」などを意味するドイツ語である．いわゆる「ゲシュタルト心理学」では，図形や音楽などが個々の要素に還元できない「まとまり」として知覚・認知されることが強調されるが，パールズは心理的問題の克服においても，内的な諸要素がと五合されていく過程が生じると考えて，自分のアプローチをゲシュタルト療法と名付けた．パールズは，フロイト派の精神分析医であったが，W・ライヒの影響を受けたこともあって，過去の「心の傷」よりもいま，ここにおいての感情やイメージや身体反応に気づくことのほうが重要であると考えるようになった．彼は，そうした「気づき」が促進されるような技法をいくつも開発した．

144頁．臨床心理学以外の心理学を学ぶ
セラピストになるためには，心理療法や臨床心理学の知識だけでなく，他の多くの学問領域の基礎的知識を身につけることが望ましい．とりわけ，一般心理学の知識は不可欠である．すなわち，心理学史，感覚・知覚，認知・思考，記憶・学習，感情・動機づけ，教育・発達，人格・社会など各領域の心理学について．

146頁．（特に，教育心理学，発達心理学，社会心理学の知識が重要）

147頁．関連領域の学問を学ぶ
精神医学，文化人類学，社会学，動物行動学，哲学，言語学，宗教学，神話学，

芸術学，教育学，看護学，社会福祉学などが学ぶ価値が高いものとしてあげられるだろう．
154頁，芸術は，表現の媒体であるだけではなく，しばしば「心の傷」や「心の病」を癒す働きもする．

⑥ 大坪庸介『進化心理学』(放送大学教材)，放送大学教育振興会，2023年，東京

21頁，ボールドウィン効果：心理ではない．ダーウィンの「適者生存」．言語能力が高いほど，社会に適応できるから生き残り，結果として，社会も言語を頻繁に使用する社会となる．
心理ではない．
ダーウィンの「適者生存」
36頁，マキャベリ的知性仮説：知性の本質は権謀術数をめぐらせることだ．
47頁，行動主義心理学：「氏（遺伝的な要因）」より「育ち」を重視する立場．(中略)動物からヒトの行動まで，強化と条件づけでコントロールできると考えていました．(中略，こうした)発想の背景には，ヒトの心は生まれたときには何も書かれていない白紙の状態(ラテン語(で,)タブラ・ラサといいます)であり，社会・文化的経験によって心のありようが形成されるという考え(あった)．
48頁，標準社会科学モデル：20世紀には「育ち」を重視し「，生物学的な説明をヒトの行動の説明から排除しようとする立場が人類学，社会学といった社会科学全般で強い影響力をもっていた．(中略)これらの極端な立場のこと．
50頁，ヒュームの法則：「〜である」から「〜すべしという結論を導くことはできない．「〜である」を「〜すべし」と混同してしまう．
50頁，自然主義的誤謬：ムーアは(中略)倫理的特性は，自然の特性(光の波長，長さや重さ)によって単純に定義することは出来ない，とする．
54頁，心か心理学はダーウィンの進化論に基づき心の働きを理解しようとする学問である．

54頁．進化論はあくまでも個別の予測を導くためのメタ理論（高次の理論）であって，個別の予測は進化論に矛盾しない形で導出されます．」そして，進化論に矛盾しない複数のライバル仮説がありえるのです．（よって，反証可能性は存在している．ただし，すべて進化論には矛盾はしていない考えである．ただ，進化論も完成された説ではないから，進化論に反する説が提示されても，当初から否定するのではなく，ともかくまず十分に吟味する必要があるだろう．それが，科学的姿勢である．）

55頁．ティンバーゲンの4つの問い
 （ⅰ）ある行動が生じるメカニズムについての問い
 （ⅱ）それが個体の成長の過程でどのように発達（個体発生）するかについての問い
 （ⅲ）その行動がその動物の適応度を上げるためにどのように役二立ったのか．つまり，機能についての問い
 （ⅳ）そしてその行動の系統発生についての問い（ある行動が様々な種の分岐のどこで出現したのかについての問い）

55-56頁．至近要因：ある行動を誘発する外的要因やそれに反応する内的神経学的要因をまとめて（そのように）いう．
究極要因：ある行動傾向が進化した経緯をまとめて（そのように）いう．

57頁．ウエスターマーク効果：血のつながった異性のきょうだいが（おり）長らく一緒に過ごすと，成長した後，異性のきょうだいと性的関係を持つと考えただけで嫌悪感を催すようになること．

62頁．進化論は利他行為を説明できるか
利他行為：自分自身の適応度を下げて他者の適応度を上昇させる行動と定義される．
（この理解誤っている．何故なら，自分の適応度を下げ，相手の適応度を挙げた時，相手も同じ利他行為を実行してくれれば，お互いが適応度を上げあうという結果をもたらすから，実は互いが利益を得るという結果をもたらしてくれるのである．つまり，互いが感謝し合うことから（人々は，反対給付を求めないことが前提となっている），互いに平穏な状況を享

利他行為は,「種の存続」を保証する心理である.何故なら,互いが利他心を持てば,互いが助け合っている状態が実現でき,そのことは,互いが互いを生かし続けていることとなり,まさに,種の存続が実現されていることになっているからなのである.

65頁,プライス方程式:【71頁,自然淘汰が種の存続に都合よくはたらくことはない,ことを示す.よって,レミングの集団自殺は,自殺ではなく単なる事故である,とされている.】

84頁,ランナウエイ仮説:メスが特定の好みを持ってオスを選べば,その特性が暴走する.

85頁,ハンディキャップ原理:オスの派手な飾りは(中略)オスがメスに対して自分の優れた特性を効果的にアピールするためのシグナルとして進化した.

85頁,ヤング・メイル・シンドローム:結婚前の若い男性は,(中略)一連のリスク追求的な行動傾向が見られる.

89頁,コンコルドの誤り:回収見込みが立たない事業に,これまでに莫大な投資をしたというただそれだけの理由で拘泥してしまうこと.=埋没費用(サンクコスト)の誤り.

138頁,ヒューリスティック:与えられた情報をフル活用せずに,簡便な問題解決方略を使っている.だから,間違う.
⇒これは,怠惰だからで,能力の劣化の現れ.

146頁,確証バイアス:自分が正しいと思っている仮説を確かめようとする傾向があること.

152頁,基本感情:喜び,悲しみ,怒り,恐怖,嫌悪,驚き.(楽をしたい=怠惰心は入らないのか.基本感情と思うが.)

166頁,互恵的利他主義:困ったときに助けてもらう利益bが困った相手を助けてあげるコストcを上回るのであれば,特定のパートナーと助け合う関係を

もつこと．（これは，反対給付を求めたがん替えである．）

172頁，応報戦略（しっぺ返し戦略）：初回は協力しておき，2回目以降は前回の相手の選択をそのまま真似るという（戦略）．

180頁，間接互換性（情けは人のためならず）：人に情けを掛けておくと，巡り巡って結局は自分のためになる．（反対給付を求めた考え）

184頁，フリーライダー問題：他者の努力にただ乗り（フリーライド）しようとすること．

215-216頁，意図明示・推論コミュニケーション：ヒトのコミュニュケーションでは相手に対して特定の情報を伝えようとする情報意図だけでなく，自分は何かを伝えようとしているという伝達意図も同時にはたらいていること．

231頁，同性婚；（人口数抑制装置か）

⑦ 石口彰『改訂版　知覚・認知心理学』（放送大学教材），放送大学教育振興会，2023年，東京

25頁，カスケード処理：複雑な問題に直面した時の情報処理で，複数のほぼ独立した逐次処理（あるいは混合型の処理）

46頁，「行動実験」的方法：人間や動物の行動指標（反応）を用いて，実験刺激や実験状況と行動指標との関係を捉えて，「考える」仕組みを検討する方法．

83頁，アモーダル補完：日常，様々なところで経験する．モノ同士は重なっていることが多く，輪郭線が全て見えているものは，実はそれほど多くない．それでも，私たちはモノの形の全容を迷いなく知覚している．（例：ある物体aの一部が，別の物体bで重なっていた時，我々はaは隠れたところも分断されていず，1つのものである，と理解してしまう．）

83頁，テンプレート理論：例えば，文字を知覚する時には，提示された提示された文字の形と，記憶にある各文字の典型（テンプレート，鋳型）とをつきあわせて，当てはまりの良い文字を知覚するという方式である．（ただ）この理論は，不十分だろう．

84 頁，パンデモニアム理論：文字の構成要素の特徴（縦線，横線，曲線など）が脳内に準備されていて，与えられた文字の中に，これらの特徴がどれくらい含まれるかを検出し，文字の候補者を挙げ，その中から有望な文字を決定する．
98 頁，フィルター理論：感覚器を通して入力された情報は，最初，その全てが並行して処理される．そしてその後，短期記憶システムに伝達される前で，フィルターによって，注目した物理的な特性（聞こえてくる耳（ママ，音カ）音の高さ，など）を基準に情報がふるい分けられ，選ばれた情報だけが，意味処理などのより進んだ処理を受けると仮定．

以上

以下の著書については，体力が減じ，知力も減退してしまったため，書名を掲載するにとどめざるを得なかったことを，お詫びする
⑧ 乾敏郎・安西裕一郎編・友永雅己・他著『認知発達と進化』認知科学の新展開 1，岩波書店，2001 年，東京
⑨ 乾敏郎・安西裕一郎編・波多野誼余夫『コミュニュケーションと思考』認知科学の新展開 2，岩波書店，2001 年，東京
⑩ 乾敏郎・安西裕一郎編・今水寛著『運動と言語』認知科学の新展開 3，岩波書店，2001 年，東京
⑪ 乾敏郎・安西裕一郎編・福澤一吉著『イメージと認知』認知科学の新展開 4，岩波書店，2001 年，東京
⑫ 中島義明他編『心理学辞典』有斐閣，1999 年，東京
⑬ 子安増生他監修『有斐閣　現代心理学辞典』有斐閣，2021 年，東京

第3章　人間社会を，人間心理と結び付けて理解する

> 要約
> 仮説を心理と関連付けることで，今まで見えていなかった人間社会の実像が，明らかとなる．

　社会現象に人間心理を関連付ける，という工程は，従来一部の分野除き考慮されてこなかった．いざ現実の問題として検討すると，非常に複雑であることが判明する．従って，能力不足の筆者には，そのすべての側面を明確に明らかにすることは到底不可能であることが分かった．よってここではその構造の構成内容や，ごく一部の側面についての，しかも不完全なものを示すに止まった．

　社会現象に人間心理を関連付ける場合，構成内容としては，大きく2つの側面があると考えられる．<u>1つが，法則や政策を導き出したとき，それらの解釈に関わる面である</u>．解釈とは，それらの持つ本来の意味をくみ取るということや，それらの影響力の強弱などを読み取る，ということである．この点は，前書で既に指摘しておいたところである．<u>2つ目が，そもそも人間心理が法則や政策そのものに，どのように影響しているかを勘案することである</u>．ところが，この側面は，非常に複雑で，様々な側面や要素を勘案する必要があることがわかる．例えば，先に示した『貨幣帝国主義論』の視点に，

1）【心理的動向がその現象をいかに生起せしめるか：プリペイドカード⇒交換手段機能の制限
2）【その現象が二次的，三次的＝副次的に引き起こすであろう現象として，

その影響をみてゆく：交換手段機能の制限⇒貨幣の入手意欲の減退⇒自己保存
3）【法則を巡っていわば法則の周りを往来＝徘徊しつつあらわれるように見えるもの（例えば，1つの周期性を持つ），⇒持たないときもある．：交換手段機能の制限⇒貨幣の入手意欲の減退，⇒減退せず，増加することある．
4）【方向性（＝実際行動），つまりその，人々の行動の束が社会現象である．また
5）【それが一定の性質を内包しているなら　（例えば，1つの周期性を持つ）：それが社会法則と呼ばれるものである．
6）【よって，社会法則をみる場合，単にある事象に対する人間の大きな方向性をみるだけでは不充分であり：貨幣獲得欲⇒財の入手⇒自己保存
7）【その方向性を導いた原因，つまり欲望とは何か（何故生じたのか）：つまり欲望とは何か⇒生存欲⇒自己保存
8）【その原因＝要素は，いかなる作用を人間に与え，従って，人間行動の方向性に影響を与え，よって，法則をいかに成立させるか，を見る．：自己保存欲が貨幣の入手よくを引き出す．
9）【その「何をもって正しいとするのか」合意を与えあう要素は何か」：自己保存と種の存続を，真の公平・平等的に肉体的に，精神的にも平穏のうちに存続せしめること．
10）【合意さえ得られるのならその内容は如何様にも変形させうる性質を有していると考えられる．：交換において，当初は「10kg 米＝1kg 鉄」が，次回には「10kg 米＝2kg 鉄」の比率となる．
11）【社会法則は常に変化することこそがその本質なのではないだろうか．：交換手段に貨幣を選ぶ⇒交換手段に人々の称賛を選ぶ⇒他人からの称賛は，自己保存につながるから，有効性は存すると考えられる．
12）【実は社会法則は我々人間が導出可能な法則なのではないだろうか．：交換手段に貨幣を選ぶ⇒交換手段に人々の称賛を選ぶ⇒この変化は人間が考えだし，かつ実現させる．

13)【法則が変化すれば，前の法則はもはや法則ではないのである：新しい法則を見出す必要がある．
というものが考えられた．

　このような視点の他，まず，前書で示したように，人間心理には行動を根本から規定する基礎的な心理や，そこから派生した規制が緩い心理が存在する，という区分である．ただ，より仔細に見れば，さらに弱い規制も，考慮せねばならないと，予想される．
次に，関連付けるタイミングとして，1 心理を考慮せずに出した「理論」に，心理を考慮
する．（この提言の法則に心理を加味すると，このように修正される，という手順．）2 心理を加味する．（経済学のように，心理を組み込んで結果を予想する，というスタイル．）
という側面も考慮せねばならない．さらに，現象と心理の作用の仕方につき，
1，その社会現象に心理のどれが，どの様に作用したか（先の1），2）の視点の，より詳細なもの）．
2，どの心理がどの人間行為（社会現象）にどんな影響を与えたか（先の1），2）の視点の，より詳細なもの）．
3，今後，どの心理がどのような社会現象にどういう形で作用していくか．
（例えば，長期にわたり続いている，状況での社会現象と，それを変化させる人間心理をつきとめる（先の3～8）の視点の，より詳細なもの．）
4，社会現象が，人間心理に影響あたえ，人間心理に変化をもたらすか，そもそも人間心理は不変なのか．変化は，良い方にか悪い方にか．その理由は何故か（先の9～13）の視点の，より詳細なもの）．
といった推定が関連付けに応用されるであろう．また，共感性の理論として，人々の合意を引き出す内実である要素にあたるものは何か，⇒本性に適う行為は，合意を得られやすい→よって現象として出現しやすい，という側面も考えられる．このように，様々な側面を検討せねばならなくなることとなる．

　現実にはこうした側面を組み合わせつつ，提言をまとめていくこととなると，

考えられ，その複雑さの一端が見えてくるのである．ただ現実の作業としては，おそらく<u>ともかくまず提言を示し，その提言がこうした様々な心理の側面のどれとどれに相当しているかを推考することで，関連づけて行く</u>，という流れが主体になるのではと，予想される．そして，さらにここで述べている心理面につき，こうした側面すべて当たることによって，正しく関連が成立するであろう．

　以下では，若干のケースを取り上げて，事例を示して見たい．ここでは，まず現象の解釈につき見てゆきたい．

1　提言の現象の解釈

　この点については，前書で示したので，要約してみておこう．
まず，行動での性質には基本的本性と派生的心理があり．基本的本性は，導きだされた法則の適応範囲性・堅固性・持続性・，効果性等に強く影響すると思われる．影響が強く，広く長く作用するであろうからである．
次に，心理に依る意味を見，修正する．（例：「等号」は単なる合意で，必ずしも当量を意味するものではない．）このことは，人間心情の性質から，引き出される．以上が，前書で示した内容である．よって，さらに詳細に解釈を深める必要がある．

ここで，人間の基本的心情を見ると，次のような心情が考えられる．
　1．生物特性としての心理
　　ⅰはじめの情報に引きずられる
周知のように，生物は，誕生した時最初に目に入ったものを，親と認識するものである．このように，情報においても，最初に接したものを正しいと判断してしまい，よって，親から刷り込まれた宗教や，過去に学習した知識などから多大の影響を受け，一度信じると是正は難しく，修正するのが非常に困難と

なってしまう，ということである．

　ⅱ 自己保存と種の存続に関わる心理
自己保存に関わる心理から，経済的利益獲得を第一として行動する．また，最大利を求める行為が生じる．ただし，現実には，必ずしもそのようには行動しない．それは，人間に特有な性質による．

2．人間に特有な心理
ⅰ 深く考える
最大の問題は，人間は怠惰な存在であるため，手をこまねいていれば人間の劣化に歯止めがかからないことである．深く考える特性が，「楽をする方法」を常に考え，現に考えだし，結果，どんどん怠惰になってゆくということである．結果，合理的な道よりも，容易い道や手段を選んでしまうものである．結果，怠惰になる．劣化する．

ⅱ 種の存続に関わる心理から，利他心が示される．
よって，この４つの視点から，社会現象を解釈せねばならない．また，前書で示した基本的心情と，それに紐づけた派生的心情も，この４つに紐づけていく必要があるだろう．

① はじめの情報に引きずられる
親から刷り込まれた宗教や，過去に学習した知識などから多大の影響を受け，一度信じると是正は難しく，修正するのが非常に困難となってしまう，ということである

② 自己保存と種の存続に関わる心理
経済的利益獲得を第一として行動する．また，最大利を求める行為が生じる．ただし，現実には，必ずしもそのようには行動しない．

③ 深く考える

最大の問題は，人間は怠惰な存在であるため，手をこまねいていれば人間の劣化に歯止めがかからないことである．深く考える特性が，「楽をする方法」を常に考え，現に考えだし，結果，どんどん怠惰になってゆくということである．結果，合理的な道よりも，容易い道や手段を選んでしまうものである．結果，怠惰になる．劣化する．すぐ飽きる．

④ 種の存続のために関わる心理

利他心が示される．

これらの基本的心理と，行動経済学で示された派生的心理を結びつけた一覧は，拙著の前書で示していた．

(1) 怠惰・直ぐに飽きる（オオカミ少年）．よって，人間はどんどん劣化，つまり，自己保存と種の存続の維持から遠ざかっていく．また，他人に依存し始める．

1，ヒューリスティック（面倒なことには，とかく近道で考えてしまう（① 126～127頁）．物事を即座に判断できるのは，過去の知識やその場の情報を参照するから（③ 32-33 頁）．→怠惰

2，テンション・リダクション効果：大きな買い物をした後は，集中力がなくなり，続けて買い物してしまう（③ 186 頁）．→直ぐ飽きてしまう．

(2) 自己保存・利己心　＝経済的利益の最大化が実際行動

1，サンクスコスト（埋没費用）：もはや取り戻せない費用や時間（① 34～35 頁）．例：一度払った費用は，取り戻せない．よって，「元を取り戻したい」，つまり，支払った費用分は，対価を得たい，と思う．→経済的利益

2，損失回避（現状＝参照点にしがみついて非合理な意思決定をする（① 60～61 頁）．

→経済的利益

3．現在バイアス（遠い将来なら冷静に対処できるが，目先のことには出来ない（①77-78頁），（今の効用を過大に評価すること．人は今を重視する（②72頁）．楽をしたい→自己保存・利己心

4．ヴェブレン効果：高価なもので，優越感をもつ．（利己的心情の結果だろう）（②77頁）．

→自己保存・利己心

5．互恵性：見返りを期待して，親切にする（②79頁）．→自己保存・利己心

6．プロスペクト理論：意思決定は，編集段階＝前処理，評価段階＝価値関数：損得勘定と確率の計算．低い確率を過大に評価する（②96頁）．で，行動を決定する．得より損した嘆きの方が大きい．→損を恐れる（②83頁）．→経済的利益

7．参照点：結果の評価が反転する点（②92頁）．期待している程度との差に関する心理→楽観と悲観→自己保存に対する執着度

8．コントラスト効果：対比で印象，つまり参照点が変わること（②93頁）状況で心理が変化する．→→自己保存に対する執着度が変化

9．メンタルアカウンティング：心理的勘定（②100頁）．様々な費用に充てる金額を「費用対効果」で，まず頭の中で前処理する．→経済的利益＝自己保存

10．ハウスマネー効果：ギャンブルなどで得た金の使い道は荒い（②101頁）．簡単に手に入れると，粗末に扱う→自己保存はしんどいもの．

11．解釈レベル理論：損得を勘案して行動を決定する（②103頁）→経済的利益最大化

12．クレショフ効果：となり合っていると，無意識に関連付けてしまう（③185頁）．自身への影響を懸念する→自己保存

13．ゲイン・ロス効果：心理的なギャップが大きいほど，影響は大きい（③185頁）．（良いイメージが強いほど，反転した場合の落差が大きくなる．）→参照点と同じ

14．ディドロ効果：新しい価値を持つ所有物に合わせて他の物を揃え，所有物に統一感を持たせる（③185頁）．自己主張を強める．→自己保存

(3) 宗教，最初に得た情報に，拘泥する．
1．フレーミング効果：表現の方法が変わると，印象が変わる（②55, 62頁）．つまり，印象に残るほうを，選択する→4宗教，最初に得た情報に，拘泥する．よって，この心理で洗脳も解かれる可能性ある．
2．アンカリング：フレーミング効果の1つで，最初に提示された情報がのちの判定に影響を与えること（②55, 65頁）．→宗教，最初に得た情報に，拘泥する
3．ハロー効果：目立ちやすい特徴に引きずられてしまいやすい（②57頁）→フレーミング効果と同じ．
4．プラシーボ効果：偽薬でも症状が改善．思い込みによる効果（②59頁）．よって，「嘘の情報」が，人々をうまく騙せる．
→フレーミング効果と同じ．
5．レストルフ効果：変わった特徴のモノは記憶に残りやすい（③187頁）．→印象が強いことに流され易い．→考えの訂正に役立つ．

(4) 利他心＝種の存続
1．極端の回避効果：中庸を好む．＝おとり効果，とも言う（②67頁）．種の存続につながる．みんなと同じで安心．→利他心
2．スノッブ効果：他人を意識し，違うものを選択する（②76頁）（利己的心情の結果だろう）．→利他心
3．バンドワン効果：他人と同じ行動をとる（②77頁）．→利他心
4．利他心：相手の喜びを喜ぶ（②81頁）．→利他心
5．バーナム効果：あいまいな性格記述を，自分のことだと思う（③184頁）．→種の存続，みんなと同じ．

6．フォール・コンセンサス効果：自分の意見が多数派（正常）だと思い込むこと（③186頁）．→皆と同じ・種の存続

よって，こうした4つの側面を
1．仮説のつよさの強弱を導き出すのに勘案する．
2．仮説の本来の意味の確定に用いる．
こととなる．

以下，若干の具体的例を示して見よう．

事例：仮説として示された社会現象

---

a 財の交換が成立した．
① はじめの情報に引きずられるが一般的な人間だが ② 自己保存と種の存続及び ③ 深く考えるから，「人間は，大まかな状態でも合意の意志を示す」という行為ともなる．また，ivから，交換の相手に花を持たせる行為を実行する．結果，「交換の成立」は単に「合意の成立」の意味合いとなる．

b 限界概念
③ から，同じことの繰り返しは，どんどん興味を失ってゆくこととなる．⇒ 得る効用の大きさが縮小してゆく．⇒ 正しい

社会的行為は，すべての人間が行為しなくとも，多数，おそらくは過半の行動で「一般的な事実行為」と認識されるであろう．何故なら，多数に合わせることが，自己保存に繋がるからである．なお，行為は，全員でなくとも多数であれば出現するが（これが，＝等号の意味の由来），さらに賛同者が少数であっても，

それが強い有用性を持つなら，出現してしまう．

> 事例
> 新しい事例：実効性はあるか．実現性はあるか．

　c「貨幣の交換手段の機能の制限は，本当に人間の貨幣獲得欲を低減させるか（プリペイドカードのような貨幣は，貨幣として機能するか）」
自己保存と種の存続を肉体的精神的に，平穏の内に実現させたい，からは，低減は期待薄．
最大利益の追求心理からすれば，それに制限を加えることだから，期待できる．
よって，この提言は，有効であろうと，考えられる．

　ところで，提言や政策が，人間行為によって変更されやすい内容か，否かを見る．という点に関する事例としては，：ケインズの有効需要政策は，あまり長持ちしない，を上げていた．そして，有効需要政策が今日あまり有効ではなくなった理由につき，前書で「受注した企業が，受注価格を上げるから」としていた．しかしこれ以外に，「受注した親企業が中抜きして，下請け，孫請けに丸投げするからである．結果，最終的な支給額が減額し，乗数効果が小さなものとなってしまうからである．」という理由がある．
　一方，金利の大きさについては，金利が高ければその影響は長期にわたって続き，高ければ投資が削減され続けられることとなる．これは，現実にコストが上昇するからであり，心理の問題ではないからである．また，人間は怠惰で大雑把だという性格が，分析の道具にどのような影響を与えるか，についての事例は，需要と供給における，購買量と価格の決定のグラフにおいて，一般的には需要量と供給量は曲線で示されるが，実態を示すには帯状の面積のある長方形で示すべきである，としていた．

このように，経済学の分析では，多くの場合このような変更が必要とされるのではないだろうか．
また，最大利を求める：経済的利益獲得を第一として行動する，が，経済人という概念を生み出した．

2　人間心理が法則や政策そのものに，どのように影響しているかを勘案する

　まず，関連付けるタイミングとして，
1，心理を考慮せずに出した「理論」に，心理を考慮する．（提言された仮説としての法則に心理を加味すると，このように修正される，という手順．）
2，心理を加味した仮説を提示する．（経済学のように，心理を組み込んで結果を予想する，というスタイル．）という側面を考慮せねばならない．さらに，現象と心理の作用の仕方につき，
1，その人間行為（社会現象）に心理のどれが，どの様に作用したか（先の1，2，の視点の，より詳細なもの）．
2，今後，どの心理がどのような社会現象にどういう形で作用していくか（先の1，2，の視点の，より詳細なもの）．
3，社会現象が，人間心理に影響あたえ，人間心理に変化をもたらすか，そもそも人間心理は不変なのか．変化は，良い方にか悪い方にか．その理由は何故か（先の3～8）の視点の，より詳細なもの．）．
4，社会現象が，人間心理に影響あたえ，人間心理に変化をもたらすか，そもそも人間心理は不変なのか．変化は，良い方にか悪い方にか．その理由は何故か（先の9～13）の視点の，より詳細なもの．）．
さらに，
① 深く考える．
最大の問題は，人間は怠惰な存在であるため，手をこまねいていれば人間の劣

化に歯止めがかからないことである．深く考える特性が，「楽をする方法」を常に考え，現に考えだし，結果，どんどん怠惰になってゆくということである．結果，合理的な道よりも，容易い道や手段を選んでしまうものである．結果，怠惰になる．劣化する．
② 種の存続に関わる心理から，利他心が示される．
よって，この４つの視点から，社会現象を解釈せねばならない．
③ はじめの情報に引きずられる．
親から刷り込まれた宗教や，過去に学習した知識などから多大の影響を受け，一度信じると是正は難しく，修正するのが非常に困難となってしまう，ということである
④ 自己保存と種の存続に関わる心理
経済的利益獲得を第一として行動する．また，最大利を求める行為が生じる．ただし，現実には，必ずしもそのようには行動しない．

よって，４つの側面と，関連付けるタイミングとを勘案する，といった推論が関連付けに応用されるであろう．
なお，前書『入門社会「科学」方法論』で指摘した心理は，
１，自己保存：結果，人々は自分は他者より優れた存在であると，信じようとする．また，エスノセントリズム（自民族中心主義）に陥る．
２，種の存続：そのために，利他心を少しは持っている．
３，怠惰→法則の「効果性」に対する影響．
４，最大利を求める：経済的利益獲得を第一として行動する．ただし，現実には，必ずしもそのようには行動しない．
５，はじめに接した情報に絶対的信頼を置く．
６，宗教や過去に提示された知識などから多大の影響を受け，一度信じると是正は困難である．
７，社会的行為での等号が意味するのは，一般的には，等量ではなく「合意の

成立」である．
8．社会的行為は，すべての人間が行為しなくとも，多数，おそらくは過半の行動で「一般的な事実行為」と認識されるであろう．

である（拙著『入門社会「科学」方法論』晃洋書房，2023年，京都，15頁）．
　これらの点も，勘案していかなければならない．
　そしてこうした側面から，例えば，長期にわたり続いている，状況での社会現象と，それを変化させる人間心理をつきとめる，といった新しい分野の研究が必要になって来ることとなる．また，共感性の理論として，人々の合意を引き出す内実である要素にあたるものは何か，→本性に適う行為は，合意を得られやすい⇒よって現象として出現しやすい，という側面も考えられる．ただこれは，提言の解釈に当たる側面かも知れない．
　このように，様々な側面を検討せねばならないし，従って，これらに対しての結論を獲得していなければ，関連付け，つまりどの心理が如何なる行為に影響を与えているか，という関連付けが希薄になることとなる．また，現実にはこうした側面を組み合わせつつ，提言をまとめていくこととなると考えられ，その複雑さの一端が見えてくるのである．ただ現実の作業としては，おそらくともかく「まず提言を示し，その提言がこうした様々な心理の側面のどれとどれに相当しているかを推考することで関連付けて行く」，という流れが主体になるのではと，予想される．以下では，若干のケースを取り上げて，事例を示して見たい．

事例
2（心理を加味した仮説）の事例
検討すべき視点：いかなる心理が如何なる行為を引き出したか．
1．自己保存⇒結果，人々は自分は他者より優れた存在であると，信じようとする．また，エスノセントリズム（自民族中心主義）に陥る．
2．はじめに接した情報に絶対的信頼を置く．⇒人間の資質が，最初の教育の内

容により決まってしまう．また，宗教や過去に提示された知識などから多大の影響を受け，一度信じると是正は困難である．
　3．怠惰⇒法則が，幅を持ってしまう．
　4．最大利を求める⇒経済的利益獲得を第一として行動する．ただし，現実には，必ずしもそのようには行動しない．
　5．社会的行為は，すべての人間が行為しなくとも，多数，おそらくは過半の行動で「一般的な事実行為」と認識されるであろう．
　6．種の存続⇒そのために，利他心を少しは持っている．
などを勘案しなければならない．

　「貨幣の交換手段の機能の制限は，本当に人間の貨幣獲得欲を低減させるか（プリペイドカードのような貨幣は，貨幣として機能するか）」
この問題設定については，

自己保存と種の存続を肉体的精神的に，平穏の内に実現させたい，からは，低減は期待薄．
最大利益の追求心理からすれば，それに制限を加えることだから，期待できる．
よって，この提言は，有効であろうと，考えられる．
また，1 心理を考慮せずに出した「理論」に，心理を考慮する．（提言された仮説としての法則に心理を加味すると，このように修正される，という手順．）
2 心理を加味した仮説を提示する．（経済学のように，心理を組み込んで結果を予想する，というスタイル．）では，1，2 どちらのケースにも該当するのではないだろうか．
考察の内容
以上を，『新貨幣制度経済』の提言である「プリペイドカード的貨幣」に当てはめてみると，

プリペイドカード的貨幣という提言を，人間心理と関連付ける
プリペイドカード的貨幣⇒交換機能の制限された貨幣⇒交換機能⇒生産性の向上→自己保存と種の存続のため，という基本的な生物的，人間心理に基づく提言．
よって，プリペイドカード的貨幣という提言は，思い付きではなく人間の核心的な心理：自己保存に基づいていることが，読み取れる．よって，ドグマではない．
この提言は，可能性は存すると考えられる．
結論：よって，この仮説は提言に値するものであろうと，考えられる．
となるであろう．このように，関連付けは関連ある心理につき，考慮することとなる．

2（心理を加味した仮説）の事例＝既知の事例
限界効用の低減：消費を重ねるとだんだん飽きて，得る効用が小さくなってゆく．
これは，
人間に特有な心理⇒怠惰・　直ぐに飽きる（オオカミ少年），という心理によって，もたらされる．
よって，正しい指摘だ，となる．
ただ，他方で，必要量を勘案しないと，効用の減退が始まる時点が定まらなくなる．
（この点は，拙著『拙著貨幣帝国主義論』62-67頁，で示した．）

第4章　試　論　(現状認識分野:「現状の人間存在の姿」) 現状の実態

　ここで，新しい学問領域の事例を示しておこう．すでに触れたように，人間の行動については，何もせずにほおっておくと，どんどんと望ましくない方向に向かってしまう．よって常に人間の現状がどのような状態にあるかにつき，考察しておく必要があり，望ましくない兆候が見えたら，直ちに是正策を講じることが求められることになる．よって，「現状の人間存在の姿」を読み取る作業としての研究分野が必要となる．それが，どのようなものになるか，一例を示しておこう．

　ここでのポイントは，現状が，ある特定勢力によって，意図的に人知れず構築されているのでは，という問題意識に基づいており，この側面は，繰り返し行われる可能性が高いと予想される．問題は，それが「人知れず」工作されるということである．よって，通常の研究のように，その根拠を明確に示すことはできないし，不可能であるという点である．何しろ，こっそりと隠密裏に実行されてしまうからである．よって，この研究では，「せいぜい状況証拠を示す」ことに止まらざるを得ないこととなってしまう，ということである．よって，ここでは，限りなく疑わしい国をR国と表記し，R国の動きを「推測」するという形式で，示してみたい．

1　はじめに——現状の実態——

　現在人間社会は何時，突然崩壊してもおかしくない状況に置かれている．

よって，常に自己研鑽を怠らないような，社会に組み込まれた体系的制度の構築が，今，必要とされているであろう．

我々は人間社会の変化の形を，例えば，歴史学派的認識，つまり，人類は歴史を重ねるに伴って，似たような発展内容を辿ってゆく，という認識に，相当傾むいてきた．例えば，原始社会，奴隷制社会，封建制社会，資本制社会という社会制度の変化発展の１つの見方である．

　ここから，「人間社会の内実は，一定の発展法則に従って進展する」という考えが生れる．さらに，「だから，資本制社会の次の社会も決まっている」，という考えが生じる．この考えに「弁証法」を加味したのが，マルクスであった．よって，彼は共産主義社会は必然だ，と予言したのである．

(人間であるから，様々な人種民族であっても似たような姿を示すのは，当たり前であろう．ただ，此の先どのような社会になるかについては，分からない．あまりに，不定要因が多いからである．)

　現在，世界にはさまざまな国や地域が存在するが，これらの社会の内実は，大きく異なっていると考えられる．我々は，その違いを先進国，後進国ととらえ，後進国も，いずれは発展（何を以って発展とするかの１つの目安は，「資本主義化」であろう．資本主義とは，市場経済と議会制民主主義（ただ，現在修正の必要性が見えている．必ずしも望ましい結果が実現されていないからである．）を組み合わせた社会制度である．市場経済は，生産の拡大をもたらし，議会制民主主義は，一程度の社会の安定と平等と自由をもたらした．生活の安定した社会は，人間が常に目指してきた目標であるから，それの一程度の達成状況は，「進歩」という範疇で理解されるものであろう．）し，そしてすべては先進国化してゆくものと，単純に考えてきた．しかし現実はもっと複雑で，すべての国が時間の経過とともに先進国へと発展してきたのではないし，これからも，紆余曲折を示すであろうことが予想される．

　ところで，早くから歴史を刻んできた国々でも，現実には見かけ上は資本主義的であっても，内実は自由や平等が実現しておらず，また，市場経済的でありながら，内実は様々な規制によって統制経済的な国家が存在する．典型例が

ロシアである．また，共産主義体制をとりながら，経済体制は計画経済ではなく市場経済を取り入れた中共のような国もある．いずれにせよ，世界中の国々は，それぞれが様々な影響を受けながら変化してきたのであり，歴史学派の考えるような，すべての国が同じような経過をたどって，変化してゆくような単純なものではなかったことは，あきらかである．よって，よほどの幸運が無ければ，モデル的な変化の姿は辿れないものと考えられる．まずは，基本的な変化について現状の認識を，現実に合わせて修正する必要があるだろう．ということは，人間社会はレッセフェールでは，望ましい社会は構築できず，よって，意図的に構築手段を講じる必要がある，ということである．

その方策が，人間の意識改革であり，意図的に勤勉な性格を育まないと，たちまち人は怠惰になる，ということである．基本手段は，学校教育であろう．そして，さらに言葉の意味をより厳密に理解できる能力も，また涵養されねばならない．例えば，自由，平等，博愛という言葉の，本来の意味合いを明確に正しく，認識する必要がある．

2 R国に対する推測

この点，R国はミルの指摘した，「性格学は，再広義における教育の作用に応ずる科学である「J・S・ミル著，大関將一，小林篤郎訳『論理学体系——論証と帰納——』Ⅵ，春秋社，昭和34（1950）年，東京，66頁」を利用して，R国民の全体の性格劣化化を実行したのではと，推測される．今日のR国の人々の歪さから，そのように強く推論されるのである．

さらにミルは，「性格学という科学は，人性についての精密な科学と呼」べる．何故なら「近似的一般化ではなく，真実の法則だからである（前書，67頁）．」としている．このことは，性格学という「個々人（を対象とした）の研究」によれば，教育こそが個人の性格を決めてしまう，とされていた．まさにこの，ミルの学問上の成果をミルの意図とは反対の目的に応用したのではない

かと推察されるのである．即ち，劣化した人間を大量に生み出すためにである．（そのノウハウの基本は，自国民教育では，自国がいかに優れているかを叩き込み，他方では自身で判断する力を削ぎ，指導者に従うようにさせる．そのため，常に偽情報を流す．よって，マスコミ，印刷物を統制する．一方，他国に対しては，侵略し，属国化し，奴隷化するために隣国にスパイを送り込み，住人にあらゆる工作を行い（買収，罠にはめる，恫喝など），一定程度の人数が揃うと反政府活動を行わせ，ある地域をR国化させる．政府が介入すると，R国に援助を要請させ，それを口実に（R国人を弾圧から守る，という口実）他国に攻めいる．）

一度ほぼ全体の国民の劣化が実現してしまうと，それ以後は，指導者でさえ劣化意識に従った行為を行うようになり（指導者も，そうした劣化のための教育で育ったのだから，そうように行為する），もはや是正は望むべくもない状況に至ってしまう．つまり，国を挙げて劣化行為をひたすら実行してゆくこととなる．現状のR国の姿にぴったりと当てはまるのである．よって，指導者が変わったところで，R国が民主主義の国に生まれ変わることはないこととなる．R国を変えるためには，一度敗戦に持ち込み，占領することで教育を根本的に正常化することでしか，達成できないだろう．これは，C国もK国も同じこととなるだろう．

3　打開の方策

また，R国は常に他国への侵略を企てている．この事実は，この国が「侵略を常套状態」にすえていることをうかがわせる．それでは何故そのように行為するのであろう．おそらくその理由は「自国が他国からの侵略を受けないようにする一番の手段は，自国が他国を侵略しつづけること」である．これにより，他国はR国に恐怖を抱くようになり，さすればこれだけでも他国がR国に侵略する恐れが遠のくであろう，という発想からではないだろうか．ミルは「社会の演繹的科学はある原因の結果を普遍的な仕方で主張する定理を設定しよう

とはしないで，むしろ与えられた場合の事情に適当した定理をどのようにつくるかを教える（J・S・ミル著，大関將一，小林篤郎訳『論理学体系――論証と帰納――』VI，春秋社，昭和 34（1950）年，東京，120 頁）.」とする（よって，社会現象の理論は自然現象のように定まった 1 つの原理として示されるものではなく，その時々の人性や人格によってもたらされる，と見抜いているのである．よって，社会の定理は，時期により異なって当たり前なのである.）．よって，この意味からも現状の正しい認識が必要となるのである．

さらに「法律や政府に対する習慣的に服従が確固不動に確立」している場合には，「ある必要条件が存在し」「第一に」「教育制度が存在していた（前書，157 頁）.」として，
「絶え間なく働きかけていたのは抑制的規律であった．人間の習慣を訓練し，それによって次のようないろんな力を訓練すること，すなわち個人的な衝動や目的を社会の目的と考えられたものに従属せしめる力，あらゆる誘惑にうち勝ってこれらの目的の規定する行為を遂行する力，これらの目的に反抗するあらゆる感情を心のうちで統御する力これらの目的に役立つ感情を奮い立たせるところの力を訓練すること，これが終局の意図であって，このためにはこの教育制度を管理している当局が動かしうるあらゆる外的な動機と，人性にかんする知識によって生ずるあらゆる内的な力と原理とが，その手段として使われた．古代の国家の内政および軍政の全部はこのような訓練の制度であった．古代の国家においては，主として宗教的教育がこれにとって代わった．「抑制的規律の厳しさがゆるむとき，そしてそのゆるんだ程度に応じて，無政府的混乱に陥る人類の自然的傾向が頭をもちあげる．国家は内部から解体し，利己的目的を追う相互格闘は，悪の自然的原因に対する抵抗を継続するのに必要な能力を弱める．そしてしだいに衰微していく時には，長いかまたは短い期間を経て，国家は独裁者の奴隷になるか，外国の侵入者の餌食になる（前書，157-158 頁）.」とするのである．（これはまさしく日本で行われている道徳教育の内容と同じである．つまり，利他心の涵養である）．しかも，この指摘は，R 国が最も嫌う教育内容であ

る．よって，現代のヨーロッパ諸国では，逆に利己心が蔓延していることは，こうした事態の成立に，Ｒ国の秘かな関与が続けられていたからではないかと，強く推察されるのである．何故なら，長い間，ほとんどの研究者は，こうしたミルの重要な指摘に，気づいてこなかったからである．だから，例えば我が国では，道徳教育を否定する運動が日教組によってなされるし，世界中で，共産主義化を狙う運動が，蒸し返されるのである．

　特殊な思想に過半数の人々が染まってしまうと，ロシアのように，人間社会の発展のトレンド（あくまで，順調な教育内容の実施が，前提であるが）から外れてしまい，特殊な行為を常に行うようになる．現実のロシアのウクライナへの侵攻がそれである．独特の考えによって，侵攻するから，侵略された方もその独特の考えに対抗する手段を講じないと，負けてしまう．独特の考えとは，勝つまで侵略を止めない，を旗印にする．よって，少々戦死者が増えようが，次々と兵を送り込む．長期戦は当たり前だから，それに備えて，大量の兵器を新旧共に備蓄しておき，旧式のものから順次使用していく．ひたすら兵器の増産に励む．新旧を厭わず増産する．友好国からの，援助を募る．相手陣営の分断を図り，あらゆる手段で，工作を行う．

　従って，まず従来の認識を修正することからはじめねばならない．Ｒ国は尋常の国家ではないという認識が，その一歩である．次いで，Ｒ国の兵器は彼らが主張するように優れた能力を，本当に有しているのかどうかを疑わねばならない．議会制民主主義国でも，兵器が優れている，としておいた方が，自身の兵器を高価に販売できることにつながるから，修正はしない．何より，おそらくＲ国の実態を把握しているにもかかわらず，その情報を伏せているのではないかと推測される．議会制民主主義国は彼らにとっても，混乱状態の方が，他国を支配しやすいから，混乱状態を維持しようとするからである．とすれば，教育についても，同様の疑念が生じてしまうこととなる．一般人が，賢人となっては，不都合であるのである．

　ここで「社会進歩の高い国」とは，議会制民主主義を指すと思われる．よっ

て，市場経済と議会制民主主義を組み合わせた資本主義化を意味すると考えられる．よって，ロシアは実は資本主義社会ではないだろう．市場経済と権威主義を組み合わせた制度は，例えば国家主義社会と呼称すべきであろう．なお，議会制民主主義を採用している国であっても，議会制民主主義が貫かれるのはあくまで自国内であって，他国に対しては，利害によって対応内容は異なるであろう．それは，大国，小国でも異なるであろう．ただ，議会制民主主義国とそうでない遅れた国での，対外国への対応内容は，大きく異なり，前者は一応合法的な対応策をとるのに対し，後者は武力と策略が中心となる．ただ，前者も裏では策略など非合法手段による対応を行う．何故なら，人間は，自己保存を第一に考えるものであるから，種の存続についての教育が乏しい国では，どうしても自国優先主義となりやすいからである．このことは，進んだ国においてもさらに教育の程度を高める必要があることが分かるだろう．つまり，議会制民主主義国でも他国を虐げようという意志を常に有しているのが，現在社会であり，このことを常に前提にして，対処すべきであろう．なお，お気づきのように武器販売は，採用した国を従えさせる，合法的な手段なのである．このように，人類の運命を変えるのは，神の力ではなく，人間自身である．人間自身のさらなる劣化は，人間自身を滅ぼす元凶に外ならない．

　なお覇権大国は特に，自民族の存続・拡大のためには平気で嘘をつき，偽情報を流し，約束を破り（交渉で約束に合意したとしても，それは見せかけで，必要に応じて簡単に約束を反故にする），他国へ侵略し，残虐行為を行い，盗みを繰り返す．よって，こうした行為が存在する限り，真の平穏社会が到来することは有り得ない．しかも，これが人間の本性なのである．ただ，他方で人間は安定した平穏な生活をも，求めている．経済生活が安定すれば当然の欲求であろう．よって，こうした本来の欲求を強め，本来人々は安定した平穏な生活をこそ求めていることに思い至らせ，また，平穏な社会を実現するためには，実は他人への思いやりの心，つまり利他心であることがその根本であることに気付かせることが，必要であろう．そのためには，こうした社会の実現の根本精神が，まだ

かろうじて保たれている，日本社会の平穏さを体験させることが，その確実な方法であろう．しかも，これこそが「種の存続」を実現してくれる心情なのである．従って，教育の内容こそが，つまり，利他心を育成させるものこそが，対処策の根本であることが判明するのである．

4　ま　と　め

最後の難関が，宗教である．宗教は人間にとって必要な制度である．ところが，その内実は大きく異なっており，人々を敵視するようなものさえある．ただ，基本は宗教教義にとらわれて教義に合わせた行為に専念する人々や，逆に，まったりと理解して，あまり捉われない人々もおられるという違いではないだろうか．宗教は，人間の行為に多大の影響を与えることがあるのが，事実である．したがって，極力ゆったりと対応できる人々を育てることが望ましいと考えられる．これも，教育が担うこととなるのではないだろうか．なお，こうした人間の実態を示したのは，対立を煽るためではない．事実を知ることによって，望ましい対応策が講じられることができるであろうからである．如何にして，多くの人々に利他心を人々に培うか，が論の目的である．

以上．

終　章　今後のあるべき努力の方向

　最後に，今後のあるべき研究の過程につき，まとめておこう．具体的研究方法としては，今，提言したい内容につき，先人が既にどのような考えを提言しているかを先に調べられたい．そのためには，文庫本に目を通すべきである．読み方は，「自身の問題意識に，すでにどの程度答えているか」，を確認することである．この点をまず十分に調べ，要点をまとめ，その上で，自身の提言ではこの点が新しい，と，ポイントを示すことが重要である．勿論，既に指摘した提言の質，つまり，命題であり，確定名辞であり，ドグマでなく，反証可能であること，自己保存と種の存続を，真の公平・平等的に肉体的に，精神的にも平穏のうちに存続せしめるという倫理観に沿ったものであること，トレンドの延長線上にあることが求められる．

　ところで，人間は今までの社会システムでは，独裁者を奉らざるを得ない．何故なら，人間は自己保存を一義的に考えるから，自身に不利益な状況には，極力逃避しようと行動してしまう．よって，見て見ぬふりをしてしまう．結果，状況は悪化し　もはや，是正のチャンスは無くなってしまう．これの繰り返しであった．よって，ともかく勇気をもって，是正の一歩を踏み出すことが，求められる．その根本が，皆が「人間の存在意義は，種の存続に有る」という単純な原理に気付き，存続のための行動を実行する意志を培うことが必要であろう．それが，利他心である．

　利他心を涵養するためには，まず自身が「自律心を持ち，かつ，実際に自立，つまり一人で生活できる，経済的にも精神的にも，ということである．自立出来ていなければ，いくら他人の役に立とうと欲しても，実行は不可能であるか

らである．

　また，人間の多くは劣化状態の最先端にあり，よって，このままでは人間は自身の劣化によって滅亡せざるを得ない段階に至ってしまった．それが，共産主義思想の蔓延による，劣化のさらなる進捗と，不平等の状態の広まりによる社会的混乱の激化である．混乱は，やがて強権社会を生み出し，益々人々の不満を助長し，やがて大規模な対立状況を引き出し，社会の終焉をもたらすのではと予想されるのである．共産主義思想は，自由，平等，博愛を実現する経済社会制度として，提唱されたものであった．ところが，肝心の自由，平等，博愛の意味が正しく定義づけられていないから，制度の内容は，怠ける自由，怠けても平等に扱われる平等，そうした状態を認めてくれる博愛，という，およそグロテスクな主義主張を実現する制度として登場してしまったのである．本来の自由，平等，博愛を見ると，自由とは，勝手なことが許されることではなく，義務を果たすことで自身の権利の主張が許される，という意味に過ぎない．平等とは，皆が同じ状態になることではなく，公平，公正，つまり，皆が依怙贔屓なく公正に接してもらえる，という状況が基本である．博愛とは，先ず自身が自律し，かつ自立していることが前提されている行為であり，そのことで，他の人々を慈しむ（助ける，等）という行為である．この時，相手に反対給付は要求しないのであり，単なる施しの行為である．みんながこうした行動に勤しめば，結果として自身も救済されることとなり，社会全体が安定することになるのである．

　ところが，人々は，博愛を「単に人を助けること」と解釈したため，自身を高めることを怠ってしまった．結果，他人を助ける実力はなく，よって，他人を助ける行為は口先だけにならざるをえず，実際の救済は，公的機関によるものだと主張せざるを得なくなってしまった．共産主義思想は，こうした誤った考えを実現する経済社会制度であることは，明らかであろう．こうして，いまや共産主義万歳主義者が世界を席巻するに至ったものと考えられる．

　したがって，先ずはこの利他心を培う教育を実施することが必要となろう．

ただ，西洋人には，「反対給付なき施し」という考えは，なかなか理解し難いであろう．ただ，現実に穏やかな社会が実現している日本を体験させ，「何故，このような望ましい社会が成立しているのか」に対する答えが，「利他心」であり，何故利他心がこうした穏やかな社会を導けるのか，その理由（互いが互いを助け合うこと）を説明して，納得してもらえるよう，努力を重ねていくしかないだろう．

あ と が き

　ここでの議論は，まだ途に就いたばかりの，本来の「人間科学」の試論に当たるものと考えていただきたい．あくまで状況証拠から現状の人間の実態を予想し，そこから，近未来の姿を推し量ったものである．よって，その姿から，なるべく遠ざけるための方策も，さらに有効な方策を求める必要があるだろう．ここで重要視したのは，人間心理の特徴と，それによる影響である．基本は，「人間は，愚かな存在である．」ということである．愚かとは，「種の存続さえ，忘れる生物である（他のあらゆる，生物は種の存続を否定することはない．それは，彼らの多くは自己の保存に専念するが，そのことは，種の存続に直接繋がるからである．一部は他の集団と争いはするが，相手を殲滅するまでは戦わないからである．」ということを指している．

　ところで，最後に筆者の現状認識の一端を述べておきたい．現実に，すでに情報には様々な要素によって，バイアスがかかっていると予想される．その最大のものは，宗教と特定国によるものであろう．まず，宗教では一神教が問題である．絶対者としての神をいただく結果，神を恐れ，教義の実践を優先し，非合理的な実践を行う．また，キリスト教では，特定民族を問題視するような教義を含んでいる．結果，そうした考えが親から子へと常に引き継がれていく状態になっている．西洋諸国の多くが，そのような状態下にある．とすれば，同教を信じる人々は，無意識のうちにその影響下にあり，その考えの支配下にあることとなる．よって，特定民族＝悪と考える可能性が高い．結果，今見たキリスト教の問題点は，特定国にとって絶好の口実となり，あたかもその民族の味方を装いつつ，現実には，貶めるように工作する．そうすれば，攻撃対象の資本主義の雄，アメリカの力を削ぐきっかけになるからである．こうした視点に立てば，ガザ地区での報道の姿勢が，ほぼハマス側に立つ立場になる内実

となることが，肯ぜられだろう．ここにイスラム諸国の利害が加わって，2つの影響は次々と再生産されているのである．

　また，ここからは全くの憶測の域を出ないが，1つの可能性として，事実であった場合にそれに対応できる心構えを持つための切掛けとして示させていただく．それは，今日の人々の対立状況が生じ，かつ是正されない原因の1つに，R国による意図的な情報操作が存するからではないか，ということである．（今日では，さらに中共が加わっているだろう．）R国は，世界の頂点に立つために常に混乱状態を常態化させようと，工作していると推測される．あくまで状況証拠にすぎず，間違っているかもしれないが．ただ，SDGsや地球温暖化という世界中に流布されている大きな思想の潮流は，結果的にロシアを利するものであった．（例えば，原子力や石炭火力による発電を，太陽光や風力，天然ガスに切り替えること）また，LGBT問題も，世界中に大混乱をもたらしているが，これも同国のねらうところではないだろうか．また，共産主義思想もしかりである．共産主義は，社会を一度崩壊させ，新しい彼らの言う理想社会を実現させようとする考えである．よって，社会が混乱状態になるように仕向ける工作が，常に講じられていく．混乱はそうした国の国力を低下させるから，相対的にR国の国力が高まることとなる．R国の大国化へのノウハウの1つではないだろうか．混乱を生じさせ，その混乱に乗じて，次々と他国に侵攻するであろうことが予想されるのである．その手段・方法の1つが，フェイクニュースを撒き続けることである．そして，C国もその片棒を担いでいるのでは，と推測される．このような状況を把握して，適切に対応せねばならない段階に至っているのが現状と考えられるのである．種の存続への努力は，人間の義務である．反対する人々は，よく考えてもらいたい．

　以上の推論の正誤は，わからない．できれば誤っていて欲しいが……．ただ，1つだけ現時点で見出した解決策がある．それは，小さいころに，しっかりとした考えを確立することである．具体的には，「自己保存と種の存続を，真の公平・平等的に肉体的に，精神的にも平穏のうちに存続せしめる，という倫理

観」を，自覚させる教育を実施することである．このことで，人間社会を望ましい方向に導いてくれる人材が育ってくれるであろうと，期待できるからである．なお，小さいころの教育の重要性は，既にミルが指摘していたところである．

　本書は，前書で示すべきものであったが，できなかったのでこのような続書という形をとることとなった．ただ，筆者の能力不足と，まだ体調が万全でなかったために，問題提起的な，蓋然的なものしか示せなかった．読者の皆様は，是非精緻な方法論に高めていっていただきたい．なお，本書でも脚注は本文に埋め込む形を執らさせて頂いた．
　本書出版にあたり，御世話になった丸井清泰氏及び編集作業をいただいた諸氏に対し，厚く御礼を申し上げます．
以上．
　令和6年7月吉日

参考文献

阿部誠『サクッとわかる　ビジネス教養 行動経済学』新星出版社，2021年，東京．
安藤清志・大坊郁夫・池田謙一『社会心理学』現代心理学入門―4，岩波書店，1995年，東京．
石口彰『改訂版　知覚・認知心理学』（放送大学教材），放送大学教育振興会，2023年，東京．
市川伸一『学習と教育の心理学』現代心理学入門―3，岩波書店，1995年，東京．
乾敏郎・安西裕一郎・友永雅己・他編『認知発達と進化』認知科学の新展開1，岩波書店，2001年，東京．
乾敏郎・安西裕一郎・波多野誼余夫『コミュニュケーションと思考』認知科学の新展開2，岩波書店，2001年，東京．
乾敏郎・安西裕一郎編・今水寛著『運動と言語』認知科学の新展開3，岩波書店，2001年，東京．
乾敏郎・安西裕一郎編・福澤一吉著『イメージと認知』認知科学の新展開4，岩波書店，2001年，東京．
大竹文雄『あなたを変える行動経済学――よりよい意思決定・行動をめざして――』東京書籍，令和4年（2022年），東京．
大坪庸介『進化心理学』（放送大学教材），放送大学教育振興会，2023年，東京．
ルドルフ・カルナップ著，永井成男（ながいしげお），内田種臣（うちだたねおみ），桑野耕三（くわのこうぞう）訳『意味と必然性』紀伊國屋書店，1974年，東京．
ルドルフ・カルナップ著，竹尾治一郎訳「科学の普遍言語としての物理的言語」（坂本百大編『現代哲学基本論文集Ⅰ＝フレーゲ，ラッセル，ラムジー，ヘンペル，シュリック，ノイラート，カルナップ＝』勁草書房，1986年，東京．
ルドルフ・カルナップ著，吉田謙二訳『論理的構文論：哲学する方法』晃洋書房，2007年，京都，原書出版1935年）
倉光修『臨床心理学』現代心理学入門―5，岩波書店，1995年，東京．
クワイン・ウヒラード著，中山浩二郎，持丸悦朗訳『論理学的観点から――9つの論理・哲学的小論――』Ⅱ経験主義の2つのドグマ，岩波書店，1972年．
クワイン・ウヒラード著，中村秀吉（なかむらひできち），大森荘蔵（おおもりしょうぞう），藤村龍雄（ふじむらたつお）訳『論理学の方法（原書第3版）』岩波書店，1978年，東京．
子安増生他監修『有斐閣　現代心理学辞典』有斐閣，2021年，東京．

丹治信春（たんじ　のぶはる）『クワイン——ホーリズムの哲学——』現代思想の冒険者たち　第 19 巻，講談社，1997 年
伊達功『社会科学の歴史と方法』ミネルヴァ書房，1973 年，京都
寺澤恒信『弁証法的論理学の基本』大月書店，1957 年，東京
中島義明他編『心理学辞典』有斐閣，1999 年，東京
美馬佑造「沼田藩領河州太田村東の米納率——近世後期を対象として——」（大阪府立大学『歴史研究』第 36 号，平成 10 年）
美馬佑造『貨幣帝国主義論』，晃洋書房，2004 年，京都
美馬佑造『入門社会「科学」方法論』，晃洋書房，2023 年，京都
J・S・ミル著，大関將一訳『論理学体系——論証と帰納——』Ⅰ，春秋社，昭和 24（1949）年，東京
J・S・ミル著，大関將一訳『論理学体系——論証と帰納——』Ⅱ，春秋社，昭和 25（1950）年，東京
J・S・ミル著，大関將一，小林篤郎訳『論理学体系——論証と帰納——』Ⅲ，春秋社，昭和 33（1958）年，東京．
J・S・ミル著，大関將一訳『論理学体系——論証と帰納——』Ⅳ，春秋社，昭和 33（1958）年，東京
J・S・ミル著，大関將一，小林篤郎訳『論理学体系——論証と帰納——』Ⅴ，春秋社，昭和 34（1959）年，東京
J・S・ミル著，大関將一，小林篤郎訳『論理学体系——論証と帰納——』Ⅵ，春秋社，昭和 34（1959）年，東京
無藤隆・久保ゆかり・遠藤利彦『発達心理学』現代心理学入門—2，岩波書店，1995 年，東京
守一雄『認知心理学』現代心理学入門—1，岩波書店，1995 年，東京
八木沢敬『意味・真理・存在——分析哲学入門・中級編——』講談社，2013 年，東京

以上

索　引

〈ア〉

アキレスと亀　61
新しいパラダイム　19
アブダクション　18, 20, 33, 109, 124
ア・プリオリ　9-16, 114, 115, 117
ア・ポステリオリ　10-15, 17, 114
アモーダル補完　138
アリストテレス　14, 104
R国　94, 157, 159, 160, 162, 170
アルゴリズム　126
アンカリング　148
安楽　84
一神教　169
一致差異併用法　41
一致法　39
一定の発展法則　158
一般　26
一般化の虚偽　59
因果関係　53, 134
因果の法則　62-64
ヴィコ，G.　86
ウィーン学団　111
　　──カルナップ　110
ウエスターマーク効果　136
ヴェブレン効果　147
ウクライナ　101, 162
内田種臣　122
SDGs　170
エスノセントリズム（自民族中心主義）　152, 153
エディプス・コンプレックス　134
L−規則　113, 114, 116
LGBT問題　170
演繹　18, 20, 25, 26, 30, 31, 35, 46, 70, 71, 99, 109, 111, 121, 124

　　──的科学　74, 80, 160
　　──法　29, 44
応報戦略（しっぺ返し戦略）　138
大関將一　ii, 21, 29, 44, 56, 62, 159, 161
大森荘蔵　121

〈カ〉

外苑　122
解釈レベル理論　147
概念の綜合　16
科学　105
　　──言語　115
化学的方法　73
科学は統一体をなしている　119
確定記述　18
確定名辞　20, 114, 123, 165
格率　100
カスケード処理　138
火星の楕円軌道　33
仮説　16, 17, 21, 48, 112, 123, 151
　　──に関する純粋理性の訓練　10
　　──の導出　16
価値観　94
学校教育　159
カテゴリー　14
加藤尚武　12
貨幣の交換手段（の）機能の制限　88, 150, 154
仮　18
カルナップ，R.　ii, 111, 114, 116-118, 120, 122, 123
感覚　23
　　──所与　117
還元主義　117
観察の虚偽　58
感情　23, 92

カント, I.　　ii, 9, 10, 13-15, 21, 24, 94
観念論　　10
関連付けるタイミング　　143, 151
議会制民主主義　　88, 158, 163
　——国　　88, 162
帰納　　18, 20, 25, 26, 29, 30, 33-35, 71, 109, 112, 122, 124
基本感情　　137
基本的本性　　144
逆（の）演繹法　　77, 82
客体的自覚　　131
究極的法則　　47, 68
究極要因　　136
教育　　93
教義の実践を優先　　169
共産主義化　　162
共産主義思想　　166, 170
共産主義社会は必然　　158
共変法　　42
虚偽論　　56
極端の回避効果　　148
キリスト　　104
キリスト教　　169
具体的演繹法　　77
具体的研究方法　　165
クレショフ効果　　147
クワイン, W.　　115, 117, 118, 120, 122, 123
クーン, T.　　118
桑野耕三　　122
経験　　46
経験以前　　12, 13
経験的認識　　12
経験的法則　　98
経験による　　12, 13
　——認識　　17
経済学　　78, 90
経済的利益　　19, 21
　——の最大化　　146
形而上学　　9-11, 16, 17, 110, 111, 115, 118
　——的思弁　　69

　——的ドグマ　　115
ケインズの有効需要政策　　150
ゲイン・ロス効果　　147
ゲシュタルト療法　　134
結論　　25, 26, 34
ケプラー, J.　　33
権威主義国家　　79
限界概念　　149
堅固性　　144
現在バイアス　　147
検証　　117
検証可能　　122
現象の解釈　　144
言表　　17, 122
原理要求の虚偽　　62
合意　　5
　——された人間の意志　　18
　——性過大バイアス　　130
効果性　　144
行動経済学　　146
行動主義心理学　　135
幸福　　108
構文的方法　　112
構文論　　115, 120
公平, 公正　　166
国民感情　　98
国民性格学　　79
互恵性　　147
国家主義社会　　88, 163
小林篤郎　　ii, 21, 22, 29, 56, 62, 159, 161
誤謬類推の虚偽　　60
今後のあるべき研究の過程　　165
コンコルドの誤り　　137
コント, A.　　76, 99
混同の虚偽　　61
コントラスト効果　　147

〈サ〉

最初に得た情報に，拘泥する　　148
最初に接したものを正しいと判断　　144

索　引　177

最大利を求める　154
差異法　40
作動因　66
サンクスコスト（埋没費用）　146
参照点　147
三段論法　25, 30, 31, 34
時間の要素　18
至近要因　136
自己意識特性　131
自己開示　132
C 国　170
自国優先主義（エスノセントリズム）　163
自己呈示　132
自己保存　21, 146, 152, 154
自己保存と種の存続を，真の公平・平等的に肉体的に，精神的にも平穏のうちに存続せしめるという倫理観　19, 20, 84, 97, 124, 165, 170
市場経済　88, 158, 163
自然科学　1, 10, 11, 15, 16, 19, 20, 62, 109, 119, 124
自然現象　2, 3, 85
自然主義的誤謬　135
持続性　144
実験・実証　10, 16, 31
実証　123
実践規則　107
篠田英雄　9, 10, 15
思弁的純粋理性批判　9, 11
資本主義化　163
資本主義社会　88
社会科学　1, 20, 73, 74, 109, 124
　——は自然科学とは全く同質の法則は存在しない　1
社会学　100
社会現象　1, 3, 18, 85, 95, 123, 141, 151
社会進歩の高い国　162
社会心理学　130
社会静学　89, 91, 96
社会動学　89, 90, 95

社会法則　3, 5
　——は我々人間が導出可能な法則　7
自由　159
宗教　148, 164
　——側　64
　——教義　164
　——的教育　93, 161
自由, 平等　166
主観　2, 3, 18, 104
主語　14
　——概念　13
修正した論理実証主義に則って行う　20
述語　13
種の存続　21, 137, 145, 148, 152, 154, 164
シュリック, M.　119
純粋理性　11
　——批判　10, 11
状況証拠　157
商工業社会　i
小前提　25, 34
情報操作　170
剰余法　41
自立　165
自律心　165
人格　161
進化論　136
人性　70, 93, 161
　——学　69
　——に関する科学　65
人文科学　62
心理学　2, 110, 125
心理的勘定　147
人倫科学　62
人倫道徳　106
数学　11
　——的帰納法　32
　——的真理　28
スキマー　130
直ぐに飽きる　146
スクリプト理論　126

既に提言された実績への考慮　19
スノッブ効果　148
性格学　69, 71, 75, 79, 81, 159
政治　91
　——学　90, 108
精神科学　46
精神現象　67
生物に共通的に存するであろう性質　3
説明の定義　45
セルフ・ハンディキャッピング　131
全称命題　32
総合　13
　——的　12, 115, 117
　——判断　13, 14
綜合が要求される段階　122
綜合的　114
　——認識　16
　——判断　11
綜合判断　15
ソクラテス　25, 26, 104
素朴理論　127
損失回避　146

〈タ〉

体系的　110
大前提　25, 26, 34
互いが互いを助け合うこと　167
ダークマター　15
怠惰　146, 150, 154
正しい　3
伊達功　76, 89
丹治信春　117, 118
単純観察の虚偽　58
単純枚挙による帰納　35
単称命題　32
地球温暖化　170
直接的法則　96
直観派の哲学者　23
定義　22, 23
提言（仮説）　18

ディドロ効果　148
ティンバーゲンの4つ間　136
適応範囲性　144
適者生存　135
哲学　110, 115
哲学側　64
デュエム，P.　118
テンション・リダクション効果　146
テンプレート理論　138
天文学　72
ドイツ学派　69
等号　144, 152
統制経済的な国家　158
等量　152
独裁者　165
特殊　26
ドグマ　11, 16, 20, 56, 94, 109, 115, 117, 165
トピカ　14
トレンドの延長線上　109
　——にある　165

〈ナ〉

内省報告　125
内包　122
永井成男　122
中村秀吉　121
中山浩二郎　115, 116, 122
$7+5=12$　14
ニュートン，I.　104
人間科学　169
人間行動　2
人間社会のトレンド　124
　——の延長線上　19, 20
人間心理　18, 141, 151
　——の特徴　169
　——を加味する　123
人間とは何か　4, 6
人間の心理的動向　5
人間の存在意義は，種の存続に有る　165
人間は，愚かな存在　169

索　引　179

人間は怠惰な存在　151
認識の種類　12
認識論　119
ノイラート，O.　111, 115, 119
農耕・牧畜社会　i

〈ハ〉

排中律　28
ハウスマネー効果　147
博愛　159, 166
白人　104
覇権大国　163
パース，C. S.　20, 124
派生的心理　144
バーナム効果　148
パラダイム論　118
パールズ，F.　134
ハロー効果　148
反証可能　18, 20, 123, 165
　——性　10, 16, 17, 112
反政府活動　160
ハンソン，N. R.　33
反対給付なき施し　167
反対給付は要求しない　166
ハンディキャップ原理　137
パンデモニアム理論　139
バンドワゴン効果　148
必要条件　92
PDP モデル　126
「人知れず」工作される　157
ヒュームの法則　135
ヒューリスティック　126, 130, 146
平等　159
フィルター理論　139
フェイクニュース　170
フォールコンセンサス効果　144
深く考える　145, 151
不確定名辞　114
武器販売　163
藤村龍雄　121

物理学的言語　111
物理言語　122
物理主義　115
プラグマティック　118
プラシーボ効果　148
プラトン　104
プリペイドカード　81, 87
　——的貨幣　154
フリーライダー問題　138
フレーゲ，G.　115, 116, 119
フレーミング効果　148
フロイト派　133
プロトコル　125
プロスペクト理論　147
文化科学　10, 17, 19, 20
　——の再検討　122
文系研究　19, 20, 110
分析　13
分析的　10, 12, 114, 117
　——な真理　115
分析の段階　122
分析判断　13, 15
分析命題　117
ヘーゲル，G. W. F.　24
ベンサム学派　74
弁証法　86
ヘンペル，C. G.　119
法則の周りを往来＝徘徊しつつあらわれる　5, 7
牧畜社会　i
没価値的　4
没個性化　132
ポパー，K.　16-18, 26, 112
ホーリズムの基本テーゼ　118

〈マ〉

埋没費用　146
マキャベリ的知性仮説　135
マルクス，K.　75, 158
ミル，J. S.　ii, 21, 23, 29, 36, 44, 56, 62, 76,

　　　　　91, 94, 101, 119, 123, 159, 161
民主主義　　94, 99
　　――国家　　79
矛盾律　　28
名辞曖昧の虚偽　　61
名称（範疇）　　22, 23
命題　　20, 22, 23, 26, 28, 33, 89, 100, 109, 111,
　　　112, 117, 120, 123, 165
　　――の真偽　　18
メタ認知　　127
メンンタルアカウンティング　　147
持丸悦朗　　115, 116, 122

〈ヤ〉

八木沢敬　　18
ヤング・メイル・シンドローム　　137
誘導的法則　　47, 68, 96
ユング派　　133
欲望　　5
吉田謙二　　110
予測　　10, 17, 112, 121, 123
予測化　　112
予測・実証　　21
弱い帰納　　36

〈ラ〉

ライヒ，W.　　134
ラッセル，B.　　119

ラムジー，F. P.　　119
ランナウエイ仮説　　137
利己心　　94, 146
　　――が蔓延　　162
理性認識　　10, 11
理性の証明　　10
　　――に関する純粋理性の訓練　　10
利他意識　　21
利他行為　　136
利他心　　ii, 145, 148, 163, 165, 166
　　――の涵養　　106, 161
倫理観　　ii
類推　　18, 20, 51, 52, 109, 124
歴史学派　　97
　　――的認識　　158
歴史的方法　　82, 98
レストルフ効果　　148
ロシア　　i, 79, 88, 101, 159, 162, 163
ロシアのウクライナへの侵攻　　i, 103, 162
論証の虚偽　　60
論理学　　19
　　――の基本法則　　19
論理実証主義　　10, 16, 21, 31, 94, 109, 117,
　　　118, 122, 123
論理的構成物　　117
論理的構文論　　111, 112, 115, 120
論理的分析　　110

《著者紹介》
美馬 佑造（みま ゆうぞう）
　1944年　奈良県生駒市生まれ
　1976年　大阪府立大学（現大阪公立大学）経済学研究科博士後期課程単位取得満期退学
　　　　　元大阪商業大学総合経営学部教授

主要業績
『入門日本商業史』（晃洋書房，2003年）
『貨幣帝国主義論』（晃洋書房，2004年）
『近世畿内在払制度の研究』（松籟社，2006年）
『躾は何故必要なのか』（晃洋書房，2020年）
『入門　社会「科学」方法論』（晃洋書房，2023年）

続　入門　社会「科学」方法論

2024年11月30日　初版第1刷発行　　＊定価はカバーに表示してあります

著　者　美　馬　佑　造 ⓒ
発行者　萩　原　淳　平
印刷者　田　中　雅　博

発行所　株式会社　晃 洋 書 房
〒615-0026　京都市右京区西院北矢掛町7番地
電　話　075(312)0788番(代)
振替口座　01040-6-32280

装丁　小松秀司（藤原印刷株式会社）　印刷・製本　創栄図書印刷㈱

ISBN978-4-7710-3875-2

JCOPY　〈(社)出版者著作権管理機構　委託出版物〉
本書の無断複写は著作権法上での例外を除き禁じられています．
複写される場合は，そのつど事前に，(社)出版者著作権管理機構
（電話 03-5244-5088, FAX 03-5244-5089, e-mail:info@jcopy.or.jp）
の許諾を得てください．